ENTRÉGALA A LA BESTIA

Cómo la magia negra me arrastró al infierno,
y el doloroso camino de mi sanación:
una historia real

Marcela Solana

alamah

El papel utilizado para la impresión de este libro ha sido fabricado a partir de madera
procedente de bosques y plantaciones gestionadas con los más altos estándares ambientales,
garantizando una explotación de los recursos sostenible con el medio ambiente y beneficiosa para las personas.

Penguin
Random House
Grupo Editorial

Entrégala a la bestia

Cómo la magia negra me arrastró al infierno, y el doloroso camino de mi sanación: una historia real

Primera edición: marzo, 2023

Penguin Random House Grupo Editorial, S. A. de C. V.
Blvd. Miguel de Cervantes Saavedra núm. 301, 1er piso,
colonia Granada, alcaldía Miguel Hidalgo, C. P. 11520,
Ciudad de México

penguinlibros.com

ISBN: 978-607-382-674-7

Impreso en México – *Printed in Mexico*

Este libro es para ti:
para el guerrero que vive dentro de tu alma.

A veces, no es hasta que caminas por los bosques más profundos
y oscuros que encuentras la luz más brillante y fortalecedora.

INTRODUCCIÓN

Tu vida siempre te está hablando.
La pregunta espiritual fundamental es:
¿Escucharás?
—OPRAH

2 DE OCTUBRE DEL 2020

Mientras escribo estas líneas, tengo treinta y dos años y no sé cuál será mi recompensa después de muchos años de vivir en el infierno, pero sé que será increíble; puedo sentirlo dentro de mí. Mi intuición ha estado apuntando hacia un gran cambio que se avecina, un cambio que he estado anhelando durante más de diez años. Taylor Swift escribió en su canción "Daylight": *He estado durmiendo tanto tiempo en una noche oscura de veinte años y ahora veo la luz del día*. Nunca una letra encajó tanto en mi vida y en mi trayecto.

¿Cómo puedo explicar mi sentimiento exacto?

Finalmente, encontré la luz, crucé la línea del lado oscuro y descubrí la gracia y el brillo; sin embargo, sigo caminando sin saber cuándo llegaré a mi gran tesoro, lo siento y lo veo, pero aún no lo sostengo. Estoy justo en esa línea donde termino de regenerarme, esperando a ver qué pasa después, pero tengo la certeza de una fe inquebrantable en Dios y en el Universo. Confío completamente en el camino que estoy recorriendo y no tengo duda de que todo lo que se me presente de ahora en adelante será ¡extraordinario!

Te escucho preguntar: "¿Cómo conseguiste ese nivel de confianza y fe en el Universo, March?"

Es una historia muy larga; algunas de las experiencias más horribles y las batallas más duras por las que pasé durante muchos años me trajeron aquí. Ahora estoy lista para compartir mi experiencia contigo *—la historia completa—*, con la luz de la esperanza que tengo de inspirarte y plantar en ti la semilla de la empatía, la humildad, la bondad, la gratitud y el amor porque, al final del día, eso lo es todo. Estos son los factores claves para una vida abundante, serena, feliz y, lo más importante, una vida con significado.

Lo que puedo decir sobre lo que viví es que **nunca pensé que pasaría por algo así**, de hecho, nunca supe que existían tales cosas y mucho menos esperaba que alguien estuviera tan lleno de odio, tanto, que esa persona *—a quien llamaremos **B** por ahora—* quería verme muerta a cualquier precio.

B = Bruja, bastante obvio, ¿no?

Cuando pasas la mitad de tu vida en una especie de cárcel, aislada, tratando de sobrevivir, librando batallas espirituales, esquivando cuchillos y balas invisibles, pero al mismo tiempo tan físicos, se vuelve todo muy aterrador y principalmente agotador en muchos niveles. Así es exactamente como me sentí durante años. Hubo un momento en el que no sabía qué estaba pasando y realmente pensé que no saldría con vida.

Antes que nada, permíteme presentarme, mi nombre es Marcela, pero mis amigos me llaman "March"; soy artista, aunque siendo honesta, nunca pensé dedicarme a esto. Cada vez que alguien me preguntaba si era artista, siempre respondía con un rotundo **no**. Lo único que me imaginaba con la palabra "artista" eran viejitas que pintaban aburridos paisajes al óleo. ¿Qué te puedo decir?, simplemente no me veía como una artista. Yo era diseñadora, al menos eso es lo que estudié en la universidad. Me encanta todo lo gráfico, los colores, las formas y las texturas... ahora entiendo por qué tengo un estilo tan específico en mis pinturas.

Parte de las razones por las que me convertí en artista es esta historia que estoy a punto de contarte. Después de haber pasado por tanto dolor y oscuridad, cuando descubrí mis habilidades artísticas, **mi misión se convirtió en inspirar, difundir el amor y darle color a tu vida a través de mi trabajo.** Todas mis creaciones son para compartirlas con el mundo. No hay nada más gratificante que la sensación de que la gente se conecte y disfrute de mis obras de arte, sus expresiones y reacciones son una inmensa fuente de inspiración.

Cuando leí *El asiento del alma* de Gary Zukav, maestro espiritual y autor, me cautivó porque cada parte del libro resonaba conmigo y con lo que viví de una manera que nunca esperé. Pensé: "¿Cómo lo hace? ¿Cómo es que sabe tanto sobre esto?"

Además, la forma en que escribe sobre este tema tan increíblemente complejo es simplemente impecable, y luego, él explicó: "Mientras escribía mi primer libro, descubrí para mi total sorpresa la inspiración que vino desde más allá de mi mente, inteligencias no físicas que no podía articular… Nunca había experimentado algo como esto."

La razón por la que lo menciono es porque mi experiencia al escribir este libro fue muy similar a la suya; por supuesto, todo lo que estás a punto de leer lo viví en carne y hueso. No soy escritora, y aunque mi lengua materna es el español, me resultó mucho más fácil escribir y expresar todo en inglés; las palabras fluyeron de mis dedos de una manera que no pude explicar hasta que descubrí la experiencia de Zukav.

Mientras escribo estas líneas, siento mi cuerpo temblar y mis manos se enfrían al recordar el trayecto de mi vida hasta hoy. Cuando comenzó el 2020 me sentía mejor que nunca, me había olvidado de todo —*o eso creía*; mi mentora me sugirió que lo plasmara todo sobre lienzo, ella quería que sanara, que dejara salir cada sentimiento y que creara algunas obras pictóricas basadas en las experiencias por las que pasé hace algunos años y, siendo sincera, me resistí a hacerlas, ya que no quería revivir el pasado y abrir la Caja de Pandora.

No quería recordar el infierno en el que viví tanto tiempo, pero un día, recostada en mi cama pensando en esta loca idea, la inspiración comenzó a inundar mi mente, una tras otra, las imágenes de lo que quería retratar llenaron mi cabeza, y en un instante, comencé a escribir todo.

Creo que acabo de encontrar mi nueva colección. ¡Wow, esto nunca me había pasado antes!, tan rápido, tan orgánica y directamente desde el corazón. Va a ser muy difícil, pero debo enfrentarlo y hacerlo.

Tuve que soltar y sacar todo, de ahí el nombre de la colección —*Release*— que significa soltar en inglés.

Mientras creaba cada pintura, luché muy duro por terminar cada una pues tenía que revivir cada una de las cosas por las que pasé. Implicó volver a sentir cada pizca de miedo, dolor e incertidumbre, pero sin duda, me encantó el resultado final y estoy muy feliz de haberlo hecho; me emociona compartirlas contigo y espero que te sirvan de inspiración para saber que no estás solo y que **las batallas más difíciles son las que te harán más fuerte y mejor en todas las formas posibles.**

No vi venir que el 2020 nos golpearía a todos más fuerte que nunca, forzándonos a enfrentar nuestros miedos y obligándonos a mirar dentro de nosotros mismos, dándonos la oportunidad de crecer y alcanzar de nuevo la sensibilidad humana que se había perdido durante años. En mi experiencia, la pandemia del Covid-19 del 2020 no me afectó como a otros, ya que las experiencias que pasé durante años no sólo me enseñaron a luchar con cada una de mis células, sino que también pusieron a prueba mi paciencia, mi confianza y mi voluntad; pero sobre todo, esos años tan difíciles pusieron a prueba mi fe y mi convicción.

Lo que aprendí durante la cuarentena fueron dos cosas:

1) Durante mucho tiempo mi vida fue extrañamente similar a la de una vida en cuarentena, lo cual resulta un poco triste, pero…
2) **Todo se trata de perspectivas.**

No estoy diciendo que tengas que comparar la batalla de uno con la de otro para ver cuál es peor, pero después de sentir tu dolor, tu pérdida, el miedo o lo que sea por lo que estés pasando, **depende de ti tomar las riendas, hacer lo necesario para enfrentar esos miedos y levantarte más fuerte y mejor que nunca.**

Esta es la primera vez que comparto mis secretos más oscuros, la verdad no contada detrás de mi colección más personal *Release*, a la que siguió *The Aftermath,* basada en las lecciones aprendidas durante este gran episodio. El trayecto que sacudió mi vida hasta lo más profundo y que tronó cada parte de mí.

Decir que este fue un período difícil en mi vida es quedarse corto, realmente pensé que ya no viviría para ver la luz del día, y mucho menos estar sana para contar mi historia. Me tomó mucho tiempo procesar cada detalle y aceptar cada parte de esto.

Perdonar, bendecir y soltar todo el daño fue una de las cosas más duras que hice respecto a esta experiencia, pero una vez que aprendí por qué y para qué sucedió, **lo entendí todo.**

Nota: Cuando leas las palabras Dios, el Universo, la Fuente de Energía, lo Divino, las Estrellas de la Suerte... Todas se refieren al Poder Superior que está por encima de nosotros sin importar la religión, quien sea o en lo que creas.

ESPERA A QUE MIENTRAS
ALCANZAS LAS ESTRELLAS,
PASE GENTE CON SUS NUBES OSCURAS
Y SUS TORMENTAS SOBRE TI.

— ANTHONY LICCIONE

1. MIRANDO ATRÁS

No es posible mantener la paz usando la fuerza;
sólo se puede conseguir mediante la comprensión.
—ALBERT EINSTEIN

VIVIENDO FELIZ

Ahora que lo pienso, es chistoso ver lo mucho que amaba los cuentos de hadas y las princesas, me encantaban cuando era niña, prueba de ello fue mi fiesta de cinco años; el tema fue *La Bella y la Bestia*. Yo era Bella, por supuesto, usé un vestido de fiesta amarillo hecho a la medida con guantes blancos y mi medio chongo como el de Bella; aún recuerdo ese día como si fuera ayer. Esa fue mi celebración más grande hasta el momento, en compañía de mis primos y mis mejores amigos, tenía todo lo que tiene una fiesta tradicional mexicana: globos, payasos, trampolín, miles de actividades, incluso había un pequeño tren que nos paseaba por el jardín *—era la novedad—* piñatas de *La Bella y La Bestia —obviamente—* y variedad de comidas incluyendo lo más importante, mi pastel de cumpleaños; un gran pastel de chocolate *—que mi mamá horneó, siendo una excelente ama de casa y la mejor—* con cinco velas rosas y, nuevamente, un figurín de *La Bella y La Bestia.* Todo fue perfecto.

Lo curioso es que toda mi vida ha sido como un cuento de hadas. No estoy hablando de la mágica historia musical llena de animalitos encantadores o de sentirme como una princesa, sino que mi vida ha sido una mezcla de secciones de todos los cuentos de hadas, desde *Blanca Nieves* hasta *La Bella Durmiente*. Me gustaban tanto de niña que terminé viviendo en uno yo misma, **con lo bueno, lo malo, lo feo, la bruja y hasta el hada madrina;** es impresionante el parecido que veo ahora, quizás por eso dicen que tengas cuidado con lo que deseas.

Cuando era niña, siempre fui dulce, tímida, alegre y optimista, me encantaba hacer nuevos amigos y de verdad me encantaba la escuela; el primer día de clases siempre era para mí el evento más emocionante del año, aparte de la Navidad, que también es otra historia. Siempre soñé que nevara en mi ciudad y me encantaba ver películas navideñas, especialmente *Mi Pobre Angelito I* y *II*, me encantaba el chocolate caliente, la ropa para el frío *—que no se usa en Guadalajara—* me encantaban las luces que decoraban las casas del condominio, las canciones que sonaban por todos lados... Básicamente, amaba cualquier cosa que hiciera feliz la temporada.

Cada Navidad que pasé en las casas de mis abuelos fue mágica. Vivían en casas grandes con dos salas de estar adicionales y un comedor principal que nunca podíamos usar, excepto en Nochebuena *—y eventos especiales—* ya que estaba decorado de manera elegante. Toda la familia se reunía con algunos invitados adicionales, la cena siempre era cálida y deliciosa, y no era una Nochebuena completa sin las muy tradicionales fotos familiares en las escaleras principales. Pero la mejor parte, sin duda, eran los intercambios de regalos entre primos; siempre fue muy divertido y lleno de recuerdos increíbles.

En casa siempre fui buena y bien portada. Durante mis años en la primaria y hasta la preparatoria, siempre estuve entre las mejores de mi clase con excelentes calificaciones, cada año recibía al menos una medalla como reconocimiento a éstas y a mi conducta... Me gusta decir que tenía un don para los estudios porque en realidad nunca pasé innumerables horas estudiando y privándome de divertirme. Recuerdo que disfruté plenamente la vida y mi infancia; tuve una infancia muy feliz.

Me gustaba jugar a la maestra, a ser mamá, cajera, trabajadora de ventanilla de *McDonald's*... Mi imaginación era asombrosa cuando era niña. Me encantaba mi bicicleta, mis patines y prácticamente cualquier actividad al aire libre que pudiera hacer con mis hermanos, mis primos, mis vecinos o cualquier persona que estuviera a mi alrededor. Además, durante toda mi vida, el deporte ha jugado un papel importante para mí, jugué voleibol y practiqué atletismo en la escuela, he practicado box, tenis, kickball, softbol, básquetbol, esquiar, snowboard, golf, muay thai, pilates, yoga, ballet, natación, pero el baile es mi máximo; es una de mis mayores pasiones, tanto que en el pasado les enseñaba coreografías a mi hermana y a mi prima María, principalmente de Nsync y Britney Spears *—que debes saberlo, las aprendí viendo MTV y videos musicales—* y hacíamos mini show para nuestras familias.

Al mismo tiempo, mi papá, que siempre soñó con ser un piloto de carreras y corrió areneros por un tiempo, amaba todo lo relacionado con los autos. Me enseñó todo sobre ellos: aún ama el automovilismo y me enseñó a conducir desde pequeña; me sentaba en sus piernas y mientras él manejaba frenos y acelerador, yo manejaba el volante. Como familia, una de mis aventuras favoritas era cuando nos íbamos en nuestras cuatrimotos por brechas y conducíamos durante horas hasta llegar a nuestro destino. Eran experiencias intensas entre el polvo, el lodo, a veces no había baños en el camino y las grandes distancias, pero eran muy divertidas. Básicamente, aprendí a conducir, a ser valiente y bastante extrema a una edad muy temprana.

Pasar tiempo en las cuatrimotos alrededor de nuestra casa del lago durante los fines de semana era todo para mí en el pasado. Lo disfruté demasiado hasta que tuve mi primer *—y bastante severo—* accidente a los ocho años.

Iba en mi cuatrimoto por un camino recto cuando de repente un bache me hizo perder el control del volante y el vehículo se volcó al golpear la pequeña montaña de tierra de al lado. Me rompí la muñeca derecha, nunca había experimentado nada por el estilo, el dolor era brutal y sólo recuerdo que mi brazo se hundía como si no hubiera hueso. Ese día no sólo casi muero aplastada por mi moto, sino que todavía puedo sentir la adrenalina cuando me volqué en ella y me cayó encima. Yo era tan pequeña, y era una máquina tan caliente y pesada que la razón por la que me rompí el brazo fue porque la misma descarga de adrenalina me hizo empujar el vehículo con la poca fuerza que tenía.

Era 1996 y a partir de ese año, poco a poco, sucesos extraños y desagradables empezaron a perseguirme, pero independientemente de los terribles contratiempos, debo decir que tuve una infancia hermosa, llena de amor y de recuerdos muy divertidos, y por eso estoy muy agradecida; mis padres realmente hicieron un gran trabajo.

Un par de meses después del accidente comencé a tener dolores de cabeza continuos y me di cuenta de que necesitaba forzar mi vista para ver con claridad. Recuerdo que en segundo de primaria, en una clase donde los padres asisten para observar el rendimiento escolar, durante mi turno, yo no pude leer la pantalla.

Mi mamá le dijo a mi maestra: "Miss, mi hija no trae sus lentes, se los robaron ayer con nuestra camioneta."*—Suerte, la mía.*

Tuve que caminar literalmente hasta que mi cara estuvo a diez centímetros de distancia de la pantalla para leer con claridad. Podía escuchar susurros y risas de mis compañeras y de algunos de los padres que se compadecían de mí.

Creo hasta el día de hoy que mi vista disminuyó después de ese accidente. Me diagnosticaron miopía y astigmatismo y, aunque era sólo una pequeña cantidad *—1.00 dioptrías—* cuando cumplí dieciocho años el número aumentó drásticamente a 11.00 dioptrías *—no podía ni siquiera ver mi mano*. Cambié de anteojos a lentes de contacto en sexto grado cuando sólo tenía doce años, pero todo empeoró cuando a los veintidós años, mientras estaba en Nueva York en el 2010, mis ojos estaban severamente dañados —*sentía cristales dentro del ojo, estaba color rojo vivo, cualquier rayo de luz me quemaba*—, me di cuenta de que estaban rechazando el líquido en el que se limpian; resulta que era alérgica a éste; así que, al año siguiente cuando mi vista no aumentó después de un tiempo, tuve mi cirugía ocular.

Además, un año después de mi accidente, a los nueve años me dio mononucleosis, no tenía idea de lo fuerte que era este virus, estaba tan pequeña que todo lo que recuerdo es que perdí la voz por unos días, me dio fiebre, se me inflamaron las glándulas y una tos horrible apareció después.

Asimismo, recuerdo que entre los cinco y los diez años, me despertaba alrededor de las 4:00 de la madrugada con la garganta completamente cerrada, me ahogaba y desvelaba a mis padres, quienes me llevaban de emergencia al hospital hasta que me ponían una inyección específica y podía respirar nuevamente. Esto sucedió al menos cuatro veces de la nada, ya que no soy alérgica, hasta que nunca más sucedió.

Quizás me preguntarás: "¿Pero por qué me cuentas todos estos eventos, March?"

Bueno, porque aquí es exactamente cuando comenzó mi extraño trayecto, del cual me enteré muchos años después, pero fue exactamente a los ocho años en 1996, cuando la suerte dejó de acompañarme y las enfermedades, los accidentes y las experiencias cercanas a la muerte me siguieron como polillas a una llama, ¡no me dejaban en paz!

LA SUERTE TE HA DEJADO DE SEGUIR

No voy a detenerme a nombrar cada tragedia que me sucedió, de lo contrario éste se convertiría en el libro más largo y aburrido de la historia. Sólo tienes que saber que durante estos años, tuve importantes experiencias que todavía no sé cómo sobreviví.

CUANDO EMPIEZA LA MALA SUERTE,
NO VIENE EN ROCIADORES,
SINO EN *AGUACEROS*.

— MARK TWAIN

A los once años me eché un clavado en una alberca *—estúpidamente—* y me golpeé la cabeza con tanta fuerza que escuché cómo toda mi columna vertebral tronó desde la coronilla presionando con fuerza mi mandíbula. El golpe fue tan fuerte, que abrí los ojos abruptamente bajo el agua y pensé que me quedaría paralizada, pero sólo me dio un fuerte dolor de cabeza y dolor corporal. Años después, un buen amigo tuvo el mismo accidente, y a sus veintitrés años quedó parapléjico, yo estaba en shock y no podía creerlo.

A mis doce años tuve mi primer accidente automovilístico, un carro golpeó en la parte trasera el vehículo donde viajaba con mi mamá. Me lastimé el cuello *—esguince en cervicales—* y nunca volvió a ser el mismo después de eso. El segundo accidente ocurrió a los dieciséis años, de nuevo el vehículo donde viajaba recibió un impactó en la parte trasera, mi cuello se lastimó y se extenuó una vez más. Lo extraño fue que después de mi segundo accidente *—donde ni siquiera yo iba al volante—* estuve más de seis meses en fisioterapia hasta que mejoré y, justamente dos semanas después de darme de alta, el tercer y peor accidente automovilístico de mi vida me sacudió.

Estaba en los go-karts, después de la última vuelta, fui la primera en estacionarme, me dijeron que no me bajara del carro hasta que los demás no se hubieran detenido, así que mientras esperaba, sentí a mi voz interna que gritaba *¡precaución!*, cuando miré por encima de mi hombro derecho con el casco aún puesto, vi a un niño asustado y paralizado. El niño no podía alcanzar los frenos y venía hacia mí a toda velocidad. En ese momento tuve dos opciones: a) bajarme lo más rápido posible en una especie de modo flash y correr al menos a cinco metros del automóvil en menos de tres segundos *—una tarea imposible—* o, b) agarrarme fuerte y prepararme para el golpe. Elegí la opción b.

Conté alrededor de cuarenta moretones y golpes en todo mi cuerpo, mi cuello me dolía tanto y estaba tan rígido como nunca y, a partir de ahí, nunca se recuperó.

Sin embargo, nada me detendría, si había una parte de mi personalidad que estaba clara para la gente *—y para mí—* era mi optimismo; siempre trataba de seguir adelante, haciendo mi mejor esfuerzo.

Yo era ese tipo de niña que era amiga de todos, nunca fui la más popular, pero tampoco fui la más bulleada. Pasé mis años rodeada de niñas *—ya que estuve en una escuela de mujeres durante la mayor parte de mis estudios—:* pudo ser complicado, pero para mí fue genial. Me llevaba muy bien con casi toda la generación. Especialmente después de pasar un año en el extranjero en Rhode Island en *Overbrook Academy*, un internado católico sólo para niñas.

Era todo lo que ves en las películas y más, alrededor de 120 niñas de Venezuela, Chile, Canadá y el resto mexicanas, viviendo juntas 24/7 durante nueve meses en la adolescencia *—edades de once a quince—*, imagina las aventuras, el drama y las travesuras.

La academia era impresionante. Un terreno enorme con muchas amenidades, grandes áreas de jardín, árboles por todas partes y una hermosa iglesia, todo esto adjunto a una hermosa mansión ubicada frente al mar a las afueras de Providence *—la misma mansión donde se filmó la película* ¿Conoces a Joe Black?, *protagonizada por Brad Pitt y Anthony Hopkins, años antes—*, era increíble. Además, podía ver y sentir cada estación del año desarrollarse de manera espectacular frente a mis ojos a medida que pasaban los meses.

Ya que esta construcción era bastante antigua, la calefacción hacía ruidos espeluznantes mientras dormíamos. La alarma de incendio se activó repentinamente al menos tres veces durante las madrugadas de invierno, ya puedes imaginar cómo se ponía la cosa. La alarma sonaba mientras estábamos profundamente dormidas y de pronto 120 niñas saltaban de la cama corriendo como locas para salir del edificio sin zapatos y sin chamarra. Era tan repentino que ni siquiera teníamos tiempo para pensar, y sí, el horario era tan estricto como imaginas; y no me dejes ni empezar con las reglas, era una locura, pero fue muy divertido.

Mientras estaba en *Overbrook*, recuerdo dos accidentes importantes en los que me caí de las escaleras y sufrí lesiones fuertes. En ambas ocasiones sentí como si alguien o algún tipo de fuerza me hubiera empujado, pero no había nadie allí *—a estas alturas puedes suponer cómo terminó mi cuello después de esto, llevaba mi collarín suave a todas partes y tenía que darme masajes con una pomada todas las noches—*, todavía recuerdo a una de mis mejores amigas, Steffi, que se ofreció a llevar mi bolso durante nuestras salidas porque tenía tanto dolor que mi hombro no podía soportar ningún peso ya que me dañaba el cuello terriblemente.

La cantidad de actividades, salidas y viajes que hicimos fueron increíbles, y todo esto me ayudó a crear un vínculo muy fuerte con las niñas y una sensación de seguridad que me ayudó al regresar a casa en Guadalajara. Para 3° de secundaria, fui elegida por maestros y compañeras de clase como la *Integra Mulier —Mujer Íntegra—* la medalla de honor más alta en mi escuela. Sólo se entrega al final de la primaria en sexto grado, al final de la secundaria y al final de la preparatoria.

Te escucho pensar: "¿Por qué necesito esta información adicional, March?"

Necesito darte una idea de quién era yo, porque sólo después de mi experiencia de vida, me di cuenta de que cada victoria, cada chispa de luz o cualquier cosa en la que yo prosperara, B se aseguraba de ponerme en mi lugar.

Y SE ASEGURÓ DE QUE MI BRILLO SE CUBRIERA PARA SIEMPRE.

En la preparatoria, cuando tenía alrededor de dieciséis años, recuerdo que constantemente me sentía triste y desinteresada, como si mi chispa hubiera desaparecido repentinamente. Por lo general, soy de las que están contando chistes y actuándolos; siempre escucho música, canto y bailo, pero esta vez nada podía hacerme sonreír. Recuerdo que después de la escuela solía llegar a casa directo a mi cama por al menos dos semanas seguidas. No sentía hambre, estaba cansada todo el tiempo; simplemente distante y distraída. También recuerdo mirarme a los ojos y ver tristeza; fue como si el brillo de mis ojos se hubiera desvanecido.

Resulta que eran signos de depresión *—algo de lo que yo no sabía nada, pero estaba comenzando a asustarme de lo extraña y sombría que me sentía—*, entonces, mi mamá me llevó con un especialista y las pruebas demostraron que no estaba produciendo serotonina correctamente. (La serotonina es una sustancia química que producen nuestras neuronas y que ayuda a regular nuestro estado de ánimo de forma natural). Tomé pastillas por un tiempo y todo fue olvidado.

Creo que esto fue un indicio de lo que se venía hacia mí. Cuando la depresión me golpeó en el futuro, llegó lista para acabar conmigo. ¿Y sabes qué?, ahora que lo pienso, después de empezar a juntarme con el hijo de B *—de quien hablo en el capítulo* "Suerte la mía"— fue cuando comencé a tener los tropezones y las caídas más fuertes en mi vida. Debí sospecharlo, pero supongo que **nunca se sabe hasta que te equivocas y fallas.**

En el 2007, mientras visitaba al dentista, me comentó que necesitaba una cirugía maxilofacial debido a algunos problemas respiratorios y de la mandíbula que podían presentarse en el futuro. Nunca supe que esto existía, así que después de largas revisiones y consideraciones, tuve una cirugía maxilar a los dieciocho años *—mi primera cirugía, la cual fue muy abrasiva, según lo que me explicaron—* tan agresiva, que mi anestesiólogo agregó morfina a la mezcla y ¡gracias a Dios por eso! porque no sentí ningún dolor en lo absoluto a pesar de que básicamente me abrieron la cara entera a través de las encías, pero no hablaré más de esto, es demasiado fuerte para asimilar.

Mientras me recuperaba de esta cirugía, tuve una dieta líquida durante varios meses, al principio no podía beber ni con popote, tan sólo la acción de absorber con la boca me dolía muchísimo, ¡y ni me hables de masticar! Al igual que un bebé, tuve que cambiar de líquidos a papillas y purés, luego a huevos revueltos, arroz y frijoles, ¡era la gloria! No pude masticar correctamente hasta después de seis meses y dejé de consumir alimentos de bocados grandes o duros *—como la carne de res—* durante casi un año. Creo que esta fue mi primera prueba para ver qué tan paciente era.

¡Lo logré!

Hasta yo me sorprendí al ver lo bien que lo hice, pero dos años después, mi paciencia fue puesta a prueba nuevamente, necesitaba una segunda cirugía; esta vez una cirugía de cóndilos. ¿Adivina qué?, yo estaba en ese 0.001% de los pacientes a los que les ocurre este pequeño detalle, ¡qué suerte la mía, ¿no?!

A los veintiuno, me sometí a mi segunda cirugía de mandíbula y aunque no fue tan agresiva me dolió mucho más. Tuve que hacer dieta líquida y de papillas nuevamente durante meses y mi mandíbula todavía me da problemas. Nada importante, es un dolor continuo, incomodidad y no puedo abrir la boca tanto como antes. Mi paciencia claramente no era tan fuerte como los años anteriores.

Por último, una anécdota muy extraña, años más tarde, después de graduarme de la universidad, alrededor del 2013, mi cuello todavía me daba problemas debido a tantos choques y accidentes, así que decidí ir a fisioterapia *—una vez más—*, estaba dispuesta a sanar y arreglarlo de una vez por todas, ya que seguía doliéndome mucho, y ¿adivina qué pasó?, apenas tres semanas después de comenzar las sesiones, justo cuando llegaba a la clínica, un automóvil me golpeó y una vez más mi cuello se lastimó. Todo lo que podía pensar era: "¡Es esto una maldita broma! Esto no puede estar sucediendo."

NO IMPORTABA CUÁNTO TRABAJARA PARA ARREGLARME Y MEJORAR, SIEMPRE HABÍA ALGO QUE SE INTERPONÍA EN MI CAMINO Y QUE ME IMPEDÍA LOGRAR CUALQUIER TIPO DE ÉXITO Y/O FELICIDAD.

MI PRIMERA VEZ

Tenía veintidós años y estaba en la universidad, mis amigas no creían mi suerte en la vida diaria. "March, ¿No te habrán embrujado? —risas— es imposible tu mala suerte en el amor", "eres la niña más salada que conozco, es una locura". Todo esto especialmente después de mis cirugías y accidentes, que por cierto, ni siquiera fueron mi culpa.

Tragedias, contratiempos y accidentes eran todo lo que conocía en este momento. Podía escuchar a mi familia decir: "Esta niña otra vez, ¿ahora qué pasó?", hasta el punto en que comenzaron a creer que era hipocondríaca.

SÓLO PARA QUE SEPAS, NO LO ERA.

En este punto, mis amigas empezaron a hablar de lecturas de cartas y tarot, un tema que odiaba y me asustaba: era tabú. Pero al mismo tiempo, quería encontrar una respuesta a una vida tan soltera y desafortunada. Quería entender qué me estaba pasando, por qué los hombres nunca se acercaban a mí y mucho menos me invitaban a salir y, si a ese tipo que me gustaba, también yo le gustaba, ya sabes, esos pensamientos y preocupaciones de jóvenes.

Quería saber que eventualmente encontraría la salida de tan mala suerte, entonces fui y **mi vida cambió para siempre, pero no de una manera bonita.**

—¡Es tu turno, March! —dijo mi amiga.

A VECES, UN "ERROR"
PUEDE TERMINAR SIENDO
LA MEJOR DECISIÓN
QUE HAYAS TOMADO.

— MANDY HALE

Éramos seis, todas riendo y encontrando divertido este evento mientras todas recibían lecturas encantadoras, pero cuando se repartieron mis cartas me quedé pasmada; todo lo que vi fue una carta en medio con el dibujo de una persona, rodeada de cartas con espadas *—que apuntaban a esta carta central—*, en ese instante me reí y bromeando pregunté: "¿Qué es esto? ¿Alguien me hizo brujería?"

A lo que la tarotista respondió muy seriamente, "alguien te está lastimando y te ha hecho un trabajo". Me callé, miré a mis amigas y decidí no creer una sola palabra de lo que dijo. Para empezar, en mi vida había escuchado la palabra "trabajo" como referencia a algo así. ¿Quién era ella para decirme este tipo de cosas y asustarme de esta manera?

Sin embargo, no dejé de pensar en lo que dijo, mi vida hasta ahora había estado llena de contratiempos y accidentes extraños y ni me hagas hablar sobre el amor y los hombres. De alguna manera, todo tenía sentido, aunque no quisiera creer lo me que dijo esta mujer, una parte de mí temía que fuera verdad, así que visité a un par de lectores más que me dijeron exactamente lo mismo y comencé a asustarme.

Sabía que mi mamá se enojaría mucho al enterarse de que había visitado a estas personas, pero tenía que hablar con ella; necesitaba su apoyo y su punto de vista.

—¿Por qué vas a esas cosas, Marcela? Te enseñé mejor que eso —me dijo mi mamá enojada.

Crecí en una familia católica, por lo que estos temas eran un tabú adicional. Nunca se debe hablar de ellos, practicarlos y mucho menos creer en esas cosas, pero ella también se asustó. Entonces, decidimos visitar a un sacerdote y obtener más información sobre el tema y nunca olvidé lo que me dijo.

—Por supuesto que estas cosas existen. Es verdad que hay maldad en el mundo, hay gente mala ahí afuera y mira, te sorprenderías si supieras cuántas de estas cosas dejan a diario afuera de la iglesia.

—¿En serio? Entonces, ¿debería visitar a un curandero, está mal ir? —pregunté sorprendida esperando que esto realmente no existiera.

—Sí, Marcela, de hecho, así como vas a visitar a tu cardiólogo por asuntos cardíacos, o al otorrino cuando tienes una gripa, visitas a curanderos a que te traten cosas como estas —mencionó el sacerdote dándome una respuesta que hasta el día de hoy se me ha quedado grabada en la cabeza.

La mañana siguiente, después de visitar al sacerdote, visité a una sanadora que me recomendaron en un pueblo a pocas horas de mi casa, no sabía qué esperar. Íbamos mi mamá, mi hermana y una amiga de mi mamá. En cuanto me vio, me señaló y dijo:

—¡Tú! Alguien te hizo algo, te han hecho un trabajo.

¡¿Es broma?!

No lo podía creer. ¿Cómo supo que era yo entre las cuatro mujeres?, ¿por qué coincidía la información? Ella hizo lo suyo y dos horas después, dejamos el lugar.

—Estarás bien —fue lo último que dijo.

Era julio. ¿Mencioné que este día exacto era el cumpleaños de mi mamá? Mi familia y yo la llevamos a cenar a un lugar elegante en la ciudad y quince minutos después de llegar, sentí un vértigo repentino, como un latigazo helado. Empecé a escuchar como las voces se desvanecían lentamente mientras comenzaba a deslizarme por la silla en la que estaba sentada.

—¡Mamá, no me siento bien!

Extendió la mano para tocarme y me dijo que estaba muy fría. Ni mi mamá ni yo somos dramáticas o ruidosas, así que mantuvimos la calma lo más que pudimos.

Le dije a mi mamá que sentía que me estaba muriendo, no podía sentir ni mis piernas ni mi lengua y mi cuerpo entero estaba entumecido, por eso me deslizaba de la silla.

GENUINAMENTE SENTÍA QUE MI ESPÍRITU ME DEJABA LENTAMENTE

Bebí un poco de Coca-Cola y de repente sentí náuseas extremas y una sensación de vómito. Reuní todas mis fuerzas y mi mamá me ayudó a ir al baño. Decir que vomité es quedarse corto; no sé cómo, pero de mí salieron hojas y ramitas. Me estaba estresando nada más de ver, especialmente porque después de eso, me empezaron a dar escalofríos. Mi cuerpo temblaba tanto que apenas podía controlarlo. ¡Me estaba congelando!

La cena apenas se estaba sirviendo, así que todos se quedaron y mi papá me llevó rápidamente a la sala de urgencias del hospital más cercano.

¿Quieres saber cuál fue la parte más extraña?

Increíblemente, *todos* mis signos vitales estaban excelentes. Todo acerca de mí estaba *perfecto*. No pudieron encontrar nada, sin embargo, los escalofríos aún persistían. Todo lo que podía pensar en este momento era que había arruinado la cena de cumpleaños de mi mamá. Me sentía terrible tanto física como emocionalmente.

Al día siguiente, alrededor de las 6:00 de la mañana, mi papá, mi mamá y yo estábamos tocando la puerta de la sanadora como locos.

—¿¡Qué diablos le hiciste!? —exclamó mi papá, luego de explicarle lo sucedido.

—Bueno, eso es normal, señor, cosas como estas suceden cuando la curación funciona. Significa que todo el trabajo que le hicieron a ella ha salido. Ella estará bien.

Pensé que todo cambiaría a partir de ese momento y di gracias a Dios por encontrar a esa mujer; pensé que mi suerte cambiaría, ¡pero no!, todo cambió para peor, sólo detonó lo que estaba mal conmigo.

**Y A PARTIR DE ESE MOMENTO,
NUNCA FUI LA MISMA.**

¡HOLA, NUEVA YORK!

Decidí olvidarme de todo y seguir adelante, decidí no creer en lo que me dijeron el año anterior y continuar mi vida. El 2010 fue un parteaguas para mí, fue el año en el que tuve una de las experiencias más aterradoras e increíbles de mi historia.

**TAMBIÉN FUE EL AÑO EN QUE MI VIDA
Y MI ENERGÍA TOMARON UN GIRO EN PICADA,
LENTA PERO DIRECTAMENTE AL INFIERNO.**

Una vez le dije a mi papá que tenía muchas ganas de ir a una academia de baile a Nueva York, ese era mi sueño; tan sólo tenía doce años y por supuesto que respondió con un rotundo "no", era demasiado joven para ir sola y más para convencerlo.

Pero cuando tenía veintiún años, después de pensar demasiado en lo mucho que quería cumplir mi sueño de ser bailarina, comencé a buscar academias de baile en Nueva York; una ciudad que había querido visitar desde hacía mucho tiempo *—porque estando en Overbrook donde cada año las alumnas visitan NY, para mi suerte, aquella vez sucedió el ataque a las torres gemelas, por lo que se canceló cualquier viaje a esa ciudad—,* elogiada por su arte y entretenimiento. Si querías ser bailarín, no había mejor lugar para entrenar que Nueva York.

Cuando encontré una escuela que tenía programas de verano, pensé: ¡Esto es increíble! ¡Esto es perfecto! No necesito faltar a ningún semestre de la universidad, lo haré durante el verano y volveré para graduarme; estaba a punto de terminar mi licenciatura como diseñadora.

La danza ha sido una de mis pasiones desde que tengo memoria. Tomé ballet cuando era niña durante unos años, y luego algunas clases de jazz local, pero finalmente aprendí coreografías por mi cuenta, sólo por diversión.

Convencer a mis padres *—especialmente a mi papá—* me costó mucho trabajo, pero eso no me detendría. Esta era mi última oportunidad de probar y ver cómo se sentía mi otro sueño *—y si era capaz de cumplirlo.*

Primero lo primero, Nueva York, la ciudad donde los sueños se hacen realidad, la ciudad donde puedes ser quien realmente eres. Gran entretenimiento, restaurantes, Central Park, museos, shows de Broadway —*que me encantan*— y principalmente, el hogar de mi academia de baile para el verano, BDC: *Broadway Dance Center.*

Ser bailarina profesional era mi sueño desde que era niña, y era mi sueño estudiar danza en la ciudad de Nueva York. Ya era grande para una carrera de baile, pero ¿a quién le importaba?, estaba cumpliendo una parte del sueño de mi vida. **Necesitaba demostrarme que era lo suficientemente buena, que podía hacerlo y que era tan mágico como todos decían.** ¿Y sabes qué?, lo fue y no lo fue.

Sucedieron tantas cosas al mismo tiempo, como llegar a una ciudad desconocida, ajustarme a los tiempos y conocer a mi primera compañera de cuarto —*una niña que alguien me recomendó*— con quien me quedé un par de semanas en el *East Village* hasta que encontré mi propio lugar porque su contrato de arrendamiento estaba casi terminado y ella estaba por mudarse a un nuevo lugar con nuevos *roomies.*

Pero si recuerdas, en el 2010 no existían opciones como *Airbnb,* no era fácil encontrar una renta a corto plazo. Gracias a Dios hicimos clic. Tanto, que cuando no tuve suerte de encontrar un apartamento para la segunda semana, ella me acogió por otras dos semanas en su nuevo y diminuto lugar —*un edificio muy viejo de cinco pisos, sin ascensor, con enormes escalones ubicado en el* Lower East Side *junto a Orchard & Bloom; un lugar realmente genial en la ciudad*—, todavía puedo recordar un día en el que mis piernas estaban tan cansadas de tanto bailar y caminar, que miré hacia arriba y decidí sentarme durante al menos quince minutos en el escalón inferior para hacer una pausa y reunir fuerzas.

Después encontré un lugar en la *8a Ave. & calle 47,* a pocas cuadras de *BDC;* era perfecto. No me encantaba vivir tan cerca de Times Square, ya que siempre estaba saturado y no podía moverme tan rápido y fluido como quería con todos los turistas caminando lentamente, con sus cámaras en mano, mirando hacia arriba para ver cada edificio, cada marquesina, o cualquier cosa que pudieran encontrar en su camino, mientras yo llevaba bolsas del supermercado muy pesadas camino a casa. Pero para ser justa, era conveniente ya que básicamente pasaba mis días enteros en la academia de baile.

Tres lugares en tan sólo tres meses, era como un circo andante, pero disfruté cada parte de esta experiencia. Me encantó conocer los diferentes barrios de Manhattan.

El sinfín de sentimientos durante *BDC* iban desde una emoción extrema cuando recibí esa carta de aceptación, hasta una gran presión cuando tuve la prueba de nivel y el miedo cuando mis sistemas corporales colapsaron; era demasiado.

Todavía puedo recordar la primera semana donde conocí a mis increíbles compañeros, todos bailarines internacionales *—por cierto, la mayoría de ellos profesionales.* Nada más un par de nosotros estuvimos allí por hobby, sin intenciones de hacer una carrera, para mí, el hecho de que me aceptaran después de tantos años sin la formación adecuada fue increíble. Tuve que enviar una carta de presentación, mi currículum y un video que demostraba que podía moverme *—bailé con un remix que hice con música de Michael Jackson, Britney Spears, Nsync y Janet Jackson—* entonces puedes imaginar mi emoción cuando recibí mi carta de aceptación.

Al mismo tiempo, tuvimos una prueba de nivel que involucró a uno de los mentores que vigilaba cada uno de nuestros movimientos de las rutinas de baile *—una coreografía que nos enseñaron sólo quince minutos antes—*, por supuesto, me paralicé y mi mente se quedó en blanco, **nunca había sentido una presión de ese tipo**; sin embargo, necesitaba vivirlo, sentirlo y aprender de todo esto.

Implicó mucha fuerza física, mental y emocional, yo era demasiado joven para saberlo en ese momento. Habían pasado años desde que tomé clases de baile, por lo que no estaba en mi mejor momento en cuanto a memoria se trataba. Al mismo tiempo, era la primera vez que vivía sola en el extranjero, una idea que realmente me emocionaba.

Disfruté cada segundo en Nueva York hasta que me di cuenta de que no podía dejar de pensar en las coreografías, el conteo y los pasos. Mis piernas y todo mi cuerpo estaban muy adoloridos por hacer ejercicio tantas horas al día, por caminar distancias tan largas y, llegando al tercer mes, se estaba volviendo agotador.

ESTABA PERDIENDO TODO SENTIDO DE QUIÉN ERA Y DE LO QUE AMABA.

Un día cerca de terminar mi estadía, me desperté sintiéndome muy rara. No sé cómo explicarlo, pero me sentía mareada y ligera, como si flotara o como si estuviera en piloto automático. Sentía que no era yo.

A las 10:00 de la mañana llegué a mi primera sesión de baile que duró una hora y media, luego decidí apuntarme a clases de canto, ya que no tenía energía suficiente para seguir bailando como de costumbre. Justo antes de la clase, estaba sentada afuera del salón con un par de amigos, cuando de repente, comencé a desvanecerme. **¡Otra vez! Exactamente lo mismo que el año pasado**. Sólo que esta vez no vomité.

Me llevaron a la sala de urgencias más cercana, y de nuevo no pudieron encontrar nada. Todo lo que dijeron fue que estaba un poco deshidratada y luego colocaron un par de sueros intravenosos. Sí, es verdad que era un verano muy caluroso en Nueva York y estaba haciendo más ejercicio que de costumbre, ¿pero sabes qué se quedó grabado en mi mente?, también era julio, y me sentí exactamente como en el evento del año pasado.

Por supuesto no todo fue malo. La mayor parte de mi tiempo en NY fue muy divertida. Me encantaba pasar el rato con mis nuevos amigos y con mi nueva *roomie,* Dani, quien aún es una de mis mejores amigas y su amistad la aprecio inmensamente hasta el día de hoy; ella es una de las pocas personas que siempre estuvo al tanto de mi episodio, siempre estuvo a mi lado y nunca se apartó de mí.

Al final del día, esta experiencia específica a los veintidós años me enseñó grandes lecciones que incluyeron aprender a ser independiente, resolver cualquier problema sin ayuda de nadie y, sobre todo, me dio una sensación de seguridad que nunca pensé que podría ganar. Por primera vez, la gente me conocía por mí, sin relacionar apellidos o nivel socioeconómico *—como sucede en Guadalajara.*

LAS DIFICULTADES A MENUDO PREPARAN A LAS PERSONAS COMUNES PARA UN DESTINO *EXTRAORDINARIO*.

—C.S. LEWIS

Después de regresar a casa para terminar la universidad, nunca me sentí igual. Mis niveles de energía se agotaron, estaba cansada todo el tiempo, mis hormonas estaban desequilibradas, comencé a ganar peso con sólo respirar, mi sistema digestivo colapsó... No importaba cuántas dietas hiciera, qué tan saludablemente comía y vivía mi día a día, mi vida se desvanecía poco a poco.

Durante los años siguientes y por ocho años consecutivos en la época del verano, me sucedía lo mismo: mi cuerpo perdía el control y me desvanecía.

Años después, mi verdadera sanadora y mentora me dijo que era mi cuerpo físico el que quería darse por vencido y abandonar la lucha imposible de soportar, pero al mismo tiempo no era mi momento de dejar esta Tierra así que, **Dios/el Universo/el Poder Supremo me levantaba de nuevo para seguir luchando cada vez.**

Cuando todo empezó a ir en picada a mis veintidós años, no tenía idea de lo que se avecinaba. Pensé que estaría bien en un par de semanas, que todo consistía en establecer la mentalidad perfecta y que esto sería sólo otra batalla, fue la idea más errónea que jamás pensé pues...

EL 2010 FUE EL AÑO EN QUE ENTRÉ AL INFIERNO.

ESTANCADA

Llegué a casa para graduarme de la universidad después de pasar mi verano en Nueva York, lista para terminar mi último semestre. A partir de ese verano, nunca me sentí igual, físicamente había ganado peso —*lo cual era anormal ya que había estado entrenando como loca en la academia de baile*— y también estaba extremadamente cansada todo el tiempo.

¿Cómo le hice en los últimos años? No recuerdo haberme sentido tan mal en ese entonces.

Además, en Nueva York me despertaba todos los días a las 7:00 de la mañana, bailaba, caminaba y me movía todo el día. No encontraba una razón. Lo primero que se me vino a la mente fueron las hormonas.

¡Sí!, debe haber algo mal con mi sistema hormonal.

Fui a mi médico y de hecho había un pequeño desequilibrio; dijo que no era "nada importante", que era común por vivir en el extranjero con rutinas y hábitos muy diferentes. En mi cabeza tenía sentido, pero lo que no, era lo mal que me sentía.

Durante ese año, mi sistema digestivo comenzó a fallar. Estaba hinchada todo el tiempo, no importaba si comía una zanahoria o una hamburguesa, mi cuerpo no la digería. Mi metabolismo se estaba apagando lentamente y, por lo tanto, aumentaba de peso. Recuerdo la sensación de ardor no sólo por la acidez de estómago sino por el reflujo que me quemaba la garganta, la lengua y el esófago.

Mi mamá me llevó al especialista quien me hizo algunas pruebas y te va a sorprender el veredicto:

—Disculpe, señora, ¿su hija tiene novio?

—No, doctor, no tiene —respondió mi mamá sintiendo lástima.

Yo simplemente los observaba con los ojos penetrantes esperando que esto tuviera una buena conclusión.

—Bueno, salió limpio el estudio, ella está perfecta. Debe ser angustia emocional porque está soltera a su edad —respondió el médico.

¿¡Es broma!? ¿Qué mentados es esto?

Mi garganta estaba roja, quemada y con sarpullido por el ácido, perdía la voz y me enfermaba constantemente por eso, y aparentemente era ¡porque estaba soltera!

Años después me hicieron una endoscopía, estudios específicos, pero nunca salió *nada*. Este mal me duró muchos meses, dejé de comer muchísimas cosas para aliviar el dolor. Visité a varios médicos con la esperanza de definir lo que ocurría dentro de mí.

Como mi nivel de agotamiento no era normal, también terminé yendo con uno de los mejores cardiólogos de la ciudad. Me hizo varias pruebas, incluida una en la que tuve un monitor cardíaco de veinticuatro a cuarenta y ocho horas, y nuevamente, el resultado fue un enigma.

—Tienes una arritmia —dijo el médico.

—Qué raro, yo hago ejercicio todos los días y mi corazón nunca me ha dado ninguna lata, simplemente me siento muy cansada.

—Bueno, por lo general no es bueno, pero de alguna manera tu corazón es muy fuerte y saludable; tienes corazón de atleta —aseguró el doctor.

Me dio tratamiento durante un mes, con el que, siendo honesta, no sentí nada. Al año siguiente decidí visitar a otros médicos para ver si encontraban algo *—lo que fuera—* porque claramente algo no estaba bien conmigo, especialmente cuando pienso en ese agotamiento físico, en las molestias estomacales que se convirtieron en dolores intensos y causaron tal lentitud en mi metabolismo que no digería nada; cada vez me hinchaba más conforme pasaban los meses mientras intentaba mantener un estilo de vida, una nutrición y actividad muy saludables. Cada mes me enfermaba con resfriados extremos en los que también podía sentir cómo colapsaba mi sistema inmunológico.

Estaba empezando a sentirme estancada en todos los sentidos. Mis problemas de salud y mis incomodidades sólo me hicieron apartarme de todos y dejar de salir; una fuerza atroz me tenía atrapada.

Socialmente, me estaba apartando de la gente porque no me sentía como de costumbre, el dolor aumentaba y la incertidumbre también. No sólo las emociones me estaban alcanzando, sino que físicamente me sentía terrible.

Del mismo modo, comencé a notar cómo la gente se olvidaba de mí. La actividad en mis redes sociales era increíblemente baja, sin comentarios, sin "me gusta", sin mensajes de texto, sin llamadas; nada más mis amigos cercanos estaban allí. Durante mucho tiempo, incluso los fines de semana, nadie me llamaba para ningún tipo de plan.

ERA MUY EXTRAÑO, PARECÍA COMO SI HUBIERA DESAPARECIDO MÁGICAMENTE DE SUS VIDAS.

Con el paso de los años, noté que la gente pensaba que yo ni siquiera vivía en la ciudad. Escuchaba comentarios como: "¡Hey!, ¡hola, March!, ¿cómo has estado?, ¿no estabas en Nueva York?" u "¡Oye! Qué milagro verte en la ciudad, ¿no vivías en Nueva York desde...?"

Uhm, sí, hace dos, tres, cinco años... Qué raro. No me extraña por qué nadie me busca.

Seguí escuchando esto desde el 2013 hasta el 2018. Cada vez que me encontraba con alguien que conocía, se sorprendía mucho de verme en la ciudad.

Además, en este momento de mi vida, no podía encontrar trabajo desde que me gradué en el 2011. Trabajaba en proyectos varios —*cuando tenía suerte*— y constantemente solicitaba trabajo en todos los lugares que podía, pero nunca había una respuesta. Hubo al menos cuatro ocasiones en las que me aseguraron el empleo, sólo necesitaba esperar un poco y me llamarían. ¡Nunca lo hicieron!

Entonces, puse las manos en el asunto y decidí emprender un negocio con una amiga diseñando y decorando recámaras y espacios infantiles. Estábamos muy emocionadas y le pusimos cada gota de energía a ese emprendimiento. **Estaba haciendo lo mejor que podía mientras cada día me sentía peor.**

Finalmente, después de un año, ese emprendimiento no dio resultados, pero funcionó para nosotras de manera individual. Cuando decidimos separarnos en el 2014, mi amiga comenzó a diseñar y a hornear hermosos pasteles y cada mes sus ventas cobraban impulso hasta que el negocio de la pastelería se convirtió en un éxito total. Estoy extremadamente orgullosa y feliz por ella, se puede ver el trabajo, el tiempo y la pasión que pone en cada pastel y galleta.

En una ocasión mientras pasaba el rato con mi primo *—y mi mejor amigo—* me contó que quería tatuarse un rinoceronte, a lo que pensé en mi mente, *voy a dibujar uno y a lo mejor le gusta.*

No se lo dije hasta años después, pero con ese dibujo arrancó mi carrera como artista. Después de que varios amigos lo vieron en mi cuenta de Instagram, solicitaron precios y detalles de pintura. Mi primer cliente quería un caballo como mi rinoceronte, pero el único problema era que yo no pintaba; sin embargo, me arriesgué.

¿Qué era lo peor que podía pasar? Si no podía hacerlo, simplemente no cobraría y diría la verdad. Después de todo, la vida se trata de tomar riesgos, ¿no?

SÓLO AQUELLOS QUE CORREN EL RIESGO
DE IR DEMASIADO LEJOS
POSIBLEMENTE PUEDEN AVERIGUAR
HASTA DÓNDE ES POSIBLE LLEGAR.

—T.S. ELIOT

A mi cliente le encantó y desde entonces la gente empezó a contactarme y a pedirme arte. Poco sabía que para el 2015 **perdería el control total de mi cuerpo y tendría que detener esta nueva pasión mía**.

En cuanto a los ingresos, después de esto fue muy difícil seguir adelante y ganar dinero de manera recurrente, principalmente porque también pagaba mis terapias cada semana, al igual que los miles de estudios clínicos y los análisis de sangre. El dinero se iba derramando de mi cuenta cada día.

Siendo honesta, podría no haberme preocupado por el trabajo, ya que mi papá podía pagar por todo de cualquier manera, pero yo no soy así. Siempre quise hacer algo por cuenta propia, quería prosperar y tener éxito por mis méritos; sin embargo, dada mi mala suerte y mi situación de salud, **todo estaba en contra mía y de mi plan.**

Durante mi peor año, me di cuenta de que tenía mucha suerte de estar en casa con mi familia y de no tener trabajo en ese momento, pues me habrían despedido, ya que no hubiera podido asistir de ninguna manera.

¿UN MÉDIUM?

—Marcela, estás tan estancada que no puedo ver tu futuro. Si sigues así, ¡te vas a quedar sola!

Estas palabras penetraron mi ser como un cuchillo frío —*nunca encontraré al hombre de mis sueños, al hombre con el que formaré una familia, al hombre por el que he estado rezando desde que era una niña*—, sola, sin familia propia, sólo yo y mis fantasmas.

Sola para siempre.

Me sentía cada vez más enferma a medida que pasaban los días —*era 2014 y ese era mi mayor temor en ese entonces.* Estaba enojada con este médium, ¿por qué se atrevía a decir esas cosas?, estaba segura de que yo merecía más que eso. Además, a las personas que me lo recomendaron, les dijo cosas maravillosas y asombrosas acerca de su futuro.

¿Y yo qué? ¿Es en serio, Dios?

No voy a mentir, la cantidad de sentimientos durante mi sesión fueron tantos que no supe cómo manejarlos. Lo sé, ya puedo oírte preguntar: "March, ¿qué demonios estabas haciendo con un médium? ¿Qué no se supone que olvidaste y dejaste ese tema extraño y aterrador en el pasado?"

Verás, unos meses antes de mi cita con él, mi abuela falleció repentinamente. Fue un golpe terrible en mi vida, ella era joven, hermosa y, sin lugar a dudas, puedo decir que fue la mejor abuela que alguien pudo tener. No era una abuela común, era completamente al revés, ella era *extraordinaria*. Fue una gran esposa, una madre maravillosa de siete hijos, pero como abuela de diecinueve nietos, fue *incomparable*.

Pupy era muy independiente, encontraba una solución ante cualquier circunstancia sin dejar que la duda o el miedo la detuvieran. Ella era la primera en tener lo más reciente en tecnología, bluetooth, teléfonos celulares, cine en casa, facebook... y además, teníamos un chat grupal; sólo los nietos y ella. ¡Era increíble!

No importaba cuántos éramos, siempre hacía tiempo para cada uno de nosotros y estaba al tanto de cada detalle. Era la madre de mi mamá, proveniente de una familia mexicana muy tradicional, en el sentido de que todos son muy cálidos y acogedores. Desde que tengo memoria, teníamos reuniones familiares cada sábado, donde mis primos y yo jugábamos por toda la casa dejando volar nuestra imaginación, creando mini shows para la familia, hasta pretendiendo que cierta área del jardín era nuestra nave espacial.

Fue increíble tener esas experiencias con mis primos cuando era niña, de ahí se formó nuestro vínculo tan estrecho y especial. Somos diecinueve y todos nos consideramos hermanos.

Lamentablemente, mi abuelo, un hombre increíble, también falleció de cáncer de pulmón hace muchos años a la edad de cincuenta y ocho; extremadamente joven. Lo que significó que mi Pupy también enviudara a una edad muy joven; sin embargo se las arregló para mantener a flote a esta enorme familia y no sólo a flote, sino que el nivel de armonía, amor y buen corazón que nos rodea es sobresaliente. Estoy muy orgullosa y agradecida de ser parte de esta familia.

Ella era el pilar más fuerte y cuando murió repentinamente a media noche, fue desgarrador. **Nunca había sentido una pérdida física tan dolorosa.** Mi vínculo con ella era tan fuerte que la noche exacta en que tuvo el ataque cardíaco *—más tarde supe que también fue alrededor de la misma hora—* no dormí. Tenía una extraña sensación de opresión en el estómago; en mis entrañas. Giré y me moví toda la noche. A la mañana siguiente me desperté para mi clase de baile a las 8:00 de la mañana y de alguna manera, esta sensación extraña no desaparecía.

Después de un par de horas, manejé al trabajo *—cuando decoraba cuartos infantiles—* me dolía la cabeza y luego, alrededor de las 10:30 de la mañana, recibí la llamada.

(TODOS LOS SONIDOS SE DESVANECIERON)

Sentí una repentina y desagradable sensación a través de mi cuerpo, mi cabeza comenzó a zumbar de una manera que no había experimentado antes; entonces, abruptamente, las lágrimas cayeron por mi rostro sin parar. ¡Fue horrible!

Era a finales de verano, tanto ella como yo viajábamos por separado enviándonos mensajes de texto como de costumbre. Lo único que me llamó la atención en ese momento fue que cuando regresó a casa un sábado, mencionó que quería descansar de los viajes y prefería que todos la visitáramos el lunes cuando estuviera mejor asentada, pero murió en la madrugada de ese lunes.

Siempre he sido bastante receptiva a ciertas cosas y unos meses después de su muerte, ella me visitó en mis sueños.

—¡¡Pupy!! ¿Qué estás haciendo aquí? ¿Creí que habías muerto? —le pregunté confundida y emocionada.

—Sí, mi niña, vine a verte. Sólo quería que supieras que estoy muy bien; estoy feliz. Sólo vine aquí para despedirme.

Me quedé boquiabierta, **fue tan vívido que no lo podía creer. La vi, la toqué, la abracé y disfruté cada microsegundo con ella.**

El pensamiento que me perseguía era el de no haber tenido la oportunidad de despedirme en persona. Fue tan repentino, que *jamás* pensé que esto sucedería tan pronto. Ella era tan positiva, tan llena de vida. La extrañaba terriblemente, aún la extraño todos los días. De ahí surgió mi visita con el médium. No estoy segura de que creía en este tipo de cosas, pero estaba desesperada y lo único que quería era saber si ella estaba bien y luego despedirme.

Nunca vi venir que mi visita a este médium significaría enfrentar mis mayores miedos y abriría la puerta a un mundo completamente nuevo en el que llegaría a descubrir la más espantosa de las verdades.

> CUANDO HAS AGOTADO
> TODAS LAS POSIBILIADADES,
> RECUERDA ESTO: *NO LO HAS HECHO.*
> — THOMAS A. EDISON

ESTA NIÑA ES HIPOCONDRÍACA

El médium tenía razón. Estaba estancada en todos los niveles y estaba empeorando. Incluso me sugirió que asistiera a terapia emocional con una especialista porque aparentemente algunos problemas de mi pasado me impedían llegar a mi futuro y seguir adelante con mi vida.

EL 2014 FUE EL AÑO EN QUE DECIDÍ ENFOCARME EN MI SALUD Y DECIDÍ SEGUIR SU CONSEJO.

Desde el 2010 hasta el 2014, ya había visitado al menos a tres de los mejores gastroenterólogos de la ciudad, a un cardiólogo, al mejor de los mejores internistas, a tres ginecólogos y al menos a cinco nutriólogos que no sabían qué hacer conmigo. No entendían por qué estaba aumentando de peso y reteniendo líquidos tan intensamente, mientras llevaba una vida tan sana y activa.

Mi última nutrióloga me sugirió que hiciera una cita con la doctora Sylvia, endocrinóloga, especialista en nutrición y hormonas, y en sus propias palabras, "una de las mejores en esto".

Así que escuché e hice una cita, después de todo, realmente quería sentirme mejor y más que nada, quería saber qué era lo que tenía. **Necesitaba un veredicto.**

- *Todo es emocional porque estás soltera, estarás bien.*
- *Bueno, tienes mucho músculo en tu cuerpo, por eso estás más pesada.*
- *Si quieres ser una talla cuatro, tienes que comer como una talla cuatro.*
- *Ese color de piel amarillento que tienes es porque estás consumiendo demasiada papaya:* después de tener resultados limpios y perfectos en las pruebas de hígado y, por cierto, no estaba comiendo papaya.
- *Bueno, aquí no hay nada, el estudio está limpio. ¿Estás segura de que no lo estás inventando?*
- *Esas ondas de calor y bochornos que sientes son la energía dentro de ti.*
- *Nunca vas a estar delgada. Eres alta y tienes una estructura muy atlética; es tu genética.*

- *Cuando tienes síndrome de ovario poliquístico, necesitas aprender a vivir con el peso extra. Es muy difícil, si no es que imposible, perder peso.*
- *Puedo ver un pequeño desequilibrio que no es un problema en absoluto, tus hormonas parecen estar bien; estarás bien.*

Estas fueron algunas de las cosas que me dijeron mis médicos con el paso de los años. Me hicieron innumerables análisis de sangre y estudios clínicos, me recetaron muchos y diferentes medicamentos; sin embargo, nadie sabía exactamente qué estaba mal conmigo. Nadie sabía con certeza cómo iba a mejorar con el tiempo y si es que mejoraría.

En octubre del 2014, después de sentir tales niveles de estrés, decidí tomarme un descanso. Necesitaba aire fresco, necesitaba salir de la ciudad y no pensar en todo el estrés y la incertidumbre que comenzaba a acumularse dentro de mí. **Quería olvidarme de todo, aunque fuera por un momento.**

Entonces viajé a Boston, donde mi hermano estaba haciendo su maestría ese año, y luego viajé a Nueva York por un par de días. Honestamente pensé que todos los sentimientos de pesadez desaparecerían mágicamente, pero claramente estaba siendo ingenua.

Recuerdo que una vez, mientras caminaba con mi hermano por Union Square Park, sentí un vértigo repentino. Se me pusieron las manos frías y comencé a sentirme débil. Escuché que el ruido se desvanecía lentamente y sentí una pesadez intensa de soledad y de miedo. Fue como, sin ningún control, toda mi seguridad dejara mi cuerpo, y mi alma se llenó de inmensa soledad.

No puedo ni expresarlo con palabras, fue algo sobrenatural, no había ninguna razón para ello, excepto por el hecho de que comencé a darme cuenta de que cada vez que viajaba, mi ropa no me quedaba tan cómoda como la semana anterior al viaje, cuando la probaba mientras empacaba mi maleta. Los síntomas simplemente no desaparecían con nada.

Mental y espiritualmente todavía estaba bien, aunque estaba empezando a ser sacudida por todo eso. **Pero mi cuerpo ya no podía so-**

portarlo. Sentí como si mi cuerpo físico se estuviera desintegrando. Estaba perdiendo el control de todo.

Después de innumerables pruebas —*incluida una prueba de glucosa en la que te dan a beber un líquido amarillo y extremadamente dulce para luego observar cómo reacciona tu cuerpo, con el cual afortunadamente no sentí nada; mi glucosa estaba bien*— en los últimos meses del 2014, finalmente recibí un veredicto de la maravillosa doctora Sylvia, "es tu tiroides y, como puedes ver en las pruebas, también tienes niveles hormonales muy bajos".

Algo no me cuadraba, pero todo estaba en la prueba. Ella continuó diciendo: "No te preocupes, cariño, esto es muy tratable. Una vez que comiences a tomar el medicamento que te receté y una vez que obtengas ese pellet con la cantidad exacta de hormonas que necesitas, notarás la increíble diferencia. Dará un giro a tu vida, te sentirás llena de energía e inspirada de nuevo y continuarás con tu vida como si nada de esto hubiera pasado". *(Los pellets hormonales son pequeñas terapias personalizadas del tamaño de una píldora que se insertan por vía subcutánea para controlar los síntomas que se derivan de los desequilibrios hormonales y ayudan a mantener los niveles hormonales durante todo el día).*

—¿Estás completamente segura de que es la tiroides?, no creo que sea eso —le pregunté.

—¡Sí, mira! —me explicó las pruebas, contándome sobre las diferentes hormonas y lo que hacen, explicándome la función de todo el sistema endocrino y cómo se basa en las glándulas suprarrenales, las que me estaban causando agotamiento.

—Vuelve en enero. Tendré tus medicamentos listos y te explicaré cada detalle.

No puedo empezar a explicar el nivel de alegría que sentí en ese momento. Después de todo, ella fue la primera doctora que me dijo lo que estaba pasando y me lo explicó todo. Ella estaba dispuesta a ayudarme y yo estaba feliz.

¡No lo puedo creer! ¡Mi vida finalmente cambiará!

LAS PERLAS NO APARECEN EN LA ORILLA DEL MAR. SI QUIERES UNA, *DEBES BUCEAR* PARA OBTENERLA.

—PROVERBIO CHINO

NO ES UNA HISTORIA DE AMOR

Permíteme retroceder un poco para hablar sobre el amor —*¡Ah, el amor!*— un tema que honestamente no me gusta mucho.

Se dice que la juventud, desde la secundaria hasta la universidad, son los mejores años ya que es cuando lo experimentas todo: fiestas, antros, bares, sexo, bebidas alcohólicas y drogas —*sinceramente nunca consumí drogas, nunca fueron de mi agrado*—, conducir, amistades reales, corazones rotos y amor, sólo por nombrar algunas cosas. Esa es la etapa de la vida en la que se supone que debes salir todos los fines de semana y socializar siempre que tengas la oportunidad y bajo ninguna circunstancia debes quedarte solo en tu casa un viernes por la noche, de lo contrario, algo está mal contigo.

Me encantaba salir a fiestas, ir a los bares con mis amigos y pasar el rato en reuniones sociales siempre que podía. El único problema fue que después de regresar de Nueva York, a los veintidós años, mi vida comenzó a ir cuesta abajo. Mi cuerpo estaba fallando físicamente. Me sentía súper cansada, apática y muchas veces prefería quedarme en mi casa.

POCO A POCO SENTÍA UNA FUERZA EXTRAÑA APAGANDO MI LUZ.

Al mismo tiempo, mi historia con los hombres había sido muy cíclica y confusa. Desde que tengo memoria, el día de San Valentín es sólo un día más para mí, a pesar de que se creaba tanto revuelo en la escuela con todas las niñas recibiendo regalos inesperados y rosas de parte de sus parejas. En mi caso, nunca experimenté ser cortejada, o ser sorprendida con una rosa de cualquier compañero o de un admirador secreto, por ejemplo.

Tengo un poco de todo cuando se trata de anécdotas de amor, desde varias citas a ciegas en las que me arriesgué *—pensando que necesitaba ser más abierta y sociable—* y que terminaron siendo tiempo perdido, hasta anécdotas de chicos con los que di todo de mí y acabaron rompiendo mi corazón de formas inimaginables. No voy a mencionarlos a todos, ni a detallar cada anécdota, pero considero importante hablar de los tres que marcaron mi corazón para siempre; **de los que más aprendí.**

Siempre lo di todo en mis relaciones, he sido muy sociable, extrovertida y acoplable; y con toda honestidad, he odiado y he tratado de mantenerme alejada del drama en todo momento, pero pareciera que el drama persiste en abrirse camino en mi vida cada vez que hay una oportunidad.

Jim: El amor de verano

Mientras estaba en un crucero por el Caribe invitada por mi mejor amiga Monse y su familia, conocí a un chico muy guapo al que llamaremos Jim.

Esta fue la primera vez que yo viajaba en un crucero. Era un barco enorme lleno de todas las actividades que puedas imaginar y lleno de gente de diferentes partes del mundo. Cuando vas a estos barcos, hay un comedor principal donde te asignan una mesa por familia o habitación. La primera vez que me senté a cenar, lo vi frente a mí en otra mesa junto a la nuestra, no tenía idea de quién era ese tipo, pero era muy guapo y tenía ese "no sé qué es" que me encantaba; además, podía escuchar un lenguaje irreconocible que me llamó la atención.

Durante la semana en el barco, coincidíamos todas las noches y a veces al caminar por el barco intercambiábamos miradas y sonrisas, pero como no tenía idea de qué idioma hablaba, no sucedía nada más. Para no hacer el cuento largo, Jim era de Alemania pero hablaba inglés, así que la última noche fuimos a la cubierta superior y comenzamos a platicar; era una noche hermosa y la luna era irreal. Después de un par de horas conversando, mientras esperábamos el elevador y a punto de la despedida, Jim se inclinó y me besó; fue como una película.

Muy emocionada subí de nuevo a la cubierta superior donde estaba Monse, nos reíamos mientras le contaba lo que sucedió. Estaba algo triste al saber que ya no lo vería nunca más; pero diez minutos más tarde mientras estaba reviviendo en mi mente lo que acababa de suceder, Jim apareció de nuevo en la cubierta superior —*supongo que tampoco estaba listo para irse*.

Terminamos platicando durante muchas horas, para ser exacta hasta 5:40 de la mañana. Pasamos la noche al estilo *Titanic* en la proa del barco, mirando la luna, las estrellas y las luces mientras nos acercábamos al puerto de Miami. ¡Fue mágico!, excepto por el hecho de que Monse y yo teníamos que despertarnos a las 6:00 de la mañana y estar listas para ser los primeros en desembarcar y alcanzar nuestro vuelo que salía muy temprano.

No estoy bromeando, en cuanto llegamos a nuestra habitación y cerramos la puerta, sonó el teléfono. Era su mamá para "despertarnos"

—¡Lo logramos!—, recuerdo que nos dormimos en cada silla que encontramos en el aeropuerto, estábamos agotadas por no descansar la noche anterior.

Estaba consciente de que sólo se trataba de una aventura de verano, estaba segura de que Jim nunca me buscaría y que esto terminaría aquí. Después de todo, era un chavo de veintiún años que regresaba a Alemania.

Para mi sorpresa, unos días después, recibí un e-mail de él; la carta más hermosa *—y cursi—* que puedas imaginar, pero me emocioné, claramente él no quería terminar las cosas así.

Algo a tener en cuenta es que en el pasado no había WhatsApp, ni Instagram, y Facebook apenas empezaba a cobrar impulso. Yo ni siquiera tenía un teléfono móvil normal, tenía un Nextel, este teléfono celular-radio con el que podía hablar muy fácilmente con personas que tenían uno igual *—al estilo de un walkie-talkie—*, no podía hacer llamadas regulares y no podía enviar mensajes de texto en absoluto *—pobre Jim.* Nuestra forma de comunicación era por correo electrónico o messenger *—¡¿te acuerdas de eso?!—* hasta que me compré un teléfono extra de prepago.

Esta aventura de verano duró cuatro meses hasta que nos dimos cuenta de la verdad: estábamos demasiado lejos el uno del otro, éramos demasiado jóvenes y, por cierto, desde hace algún tiempo, ya había alguien en casa por quien guardaba un sentimiento.

Charlie: El amigo de toda la vida

Charlie era uno de mis mejores amigos, nos conocíamos desde el kínder. Es curioso, fue mi primer novio a los cinco años. Todavía recuerdo lo mucho que me gustaba cuando era niña.

Aquellos tiempos…

A medida que crecimos y nuestras escuelas separaron a los niños de las niñas, perdimos el contacto, pero aun así nos veíamos de vez en cuando.

Luego lo vi en la secundaria, después de que estuvo en el extranjero durante un año, y se veía muy bien. ¿Has notado que los hombres tienen esa temporada chistosa cuando están creciendo? *—en la adolescencia—* se ven un poco desproporcionados y sus voces son algo chillonas... Bueno, Charlie había crecido, ya no parecía un niño y también era muy guapo; me llamó la atención de nuevo. Además, vivíamos en la misma colonia lo que hizo que nos encontráramos más seguido, por lo que en preparatoria comenzamos a juntarnos de nuevo.

Como íbamos en la misma universidad, durante los primeros años pasamos mucho tiempo juntos. Éramos muy unidos, nuestra química era excelente y de alguna manera nos parecíamos; la gente preguntaba constantemente si éramos hermanos, lo cual era muy extraño. Y al mismo tiempo, algunas personas pensaban que éramos pareja *—de nuevo, incómodo.* Confiábamos el uno en el otro y hablamos de nuestras verdades. Cuando se enteró de Jim, no estaba de acuerdo, pero de alguna manera nunca hizo nada al respecto.

Vi a Charlie tener varias novias, venía constantemente a pedirme consejos, me contaba todo sobre ellas *—cosa que me disgustaba—* y, sin embargo, las dejaba varadas y se venía conmigo; yo era su hombro y su zona de confort.

Con esta relación en específico, todo fue muy confuso, había muchos altibajos, siempre había gente entrometiéndose queriendo saber más y empujándolo a tomar decisiones. Cada vez que me veía con alguien más, se ponía muy celoso *—no es que se metiera en peleas ni nada, pero él me lo dejaba claro—,* finalmente, una de mis mejores amigas comenzó a traicionarme; literalmente coqueteaba con él frente a mí, se comportaba de manera imprudente y grosera, incluso sabiendo que Charlie y yo nos gustábamos *—#dramadramadrama—* fue demasiado para mí.

Perdí a mis dos mejores amigos *—a ella y Charlie—* en el mismo año y al mismo tiempo. **Esta fue la primera vez que realmente se me rompió el corazón.** Pensé que este tipo de dramas sólo sucedía en las películas, pero estaba equivocada.

Charlie también tenía muchos problemas consigo y con su familia, y yo siempre estaba ahí para ayudarlo a llenar el vacío. No obstante, no importaba cuánto me preocupara por él, era una relación muy extenuante y estaba agotando mi energía.

Con el paso de los años, tomó el camino equivocado y las drogas se apoderaron de él. Después de prometerme varias veces que dejaría de consumirlas, me excluyó completamente de su vida y nunca volvió a hablarme. Fue muy duro, siguió un camino que yo no esperé que tomaría. Me dolió ver el potencial desperdiciado *—todavía me duele.*

A VECES LAS COSAS BUENAS SE DESMORONAN, PARA QUE *COSAS MEJORES* PUEDAN LLEGAR A TU VIDA.

—MARILYN MONROE

Cuando cumplí veinticinco años, estaba en Puerto Vallarta con mi hermano, mi hermana y algunos amigos en un bar celebrando. Habían pasado alrededor de tres años desde la última vez que vi a Charlie, y de la nada, él estaba parado frente a mí, en el mismo bar, en la misma ciudad y en mi cumpleaños, ¡muy extraño!

Me incomodé cuando se acercó a mí y me abrazó diciendo: "Feliz cumpleaños, March"; a lo que yo respondí con un simple: "Gracias" y me di la vuelta.

Después de unos minutos, nos encontramos en el bar principal mientras pedíamos bebidas y me dijo descaradamente: "Para que lo sepas, mis papas se divorciaron." Sonaba enojado como si fuera mi culpa, como si yo lo hubiera sabido todo este tiempo y no me hubiera comunicado. La verdad es que me enteré unos meses atrás, pero no era mi deber contactarlo; habían pasado años desde la última vez que supe algo de él.

Así que sólo respondí: "Sí, escuché y lo siento mucho, pero sabes que no es mi culpa". Me miró en silencio y luego dijo:

—Sabes, tú no eras mi camino, March.

—¡Está bien, Bud!, lo importante es que seas feliz. ¿Eres feliz en tu camino? —le pregunté.

—Sí.

—Qué bueno, me da gusto, eso es lo que importa —agarré mis bebidas y me fui.

Podía sentir su mirada toda la noche; esa fue la última vez que hablé con él; sabía que él no estaba bien. Esta no fue una pérdida física *—sino la pérdida emocional/espiritual—* que más me dolió en la vida. Me rompió el corazón de formas inimaginables.

Se convirtió en una persona que ya no reconocía, física, emocional, incluso energéticamente. Nunca volvió a ser el mismo hombre asombroso, divertido, ingenioso y de buen corazón que conocí. Me tomó años olvidarlo y dejarlo ir, porque en algún momento pensé que siempre estaríamos juntos. Hoy, estoy feliz de que no llegó a más.

Estábamos tan conectados el uno con el otro, que luego supe que vivíamos vidas paralelas. Durante mis años más difíciles, ambos estábamos perdiendo el control de nuestros cuerpos, perdiendo el control de nuestras propias vidas, cayendo en el agujero más profundo hacia la oscuridad. **La única diferencia era que yo estaba luchando con todo mi ser para sobrevivir.**

Fede, la última esperanza

Cuando tenía dieciocho años, conocí a Fede en un viaje; desde el momento en que nos conocimos hubo chispas y la química era innegable, pero tenía novia.

Para el verano siguiente cuando nos volvimos a ver, de nuevo estaba soltero. A partir de ese momento, se quedaba a mi lado cada vez que coincidíamos en el mismo lugar. Siempre que me veía comenzaba con un "hola, March, ¡qué guapa!", siempre era educado y un caballero. No vivía en Guadalajara, por lo que era un poco más difícil seguirle el ritmo.

Nuestra amistad fue aumentando y nos acercábamos más y más a medida que pasaban los meses y los años. Fede se desahogaba conmigo ante cualquier problema que tuviera, incluso me contaba sobre sus nuevas conquistas *—de nuevo ese hombro mío listo para soportar—*, me llamaba y me enviaba muchos mensajes de texto. Era tres años mayor que yo, muy guapo, de buen corazón y realmente un excelente hombre. Era el tipo de hombre que a tus padres les encantaría tener como yerno; al menos mis papás estaban rezando para que tuviera agallas y se animara. No importa cuántas pistas le di, cuántos mensajes de texto y coqueteos de mi parte, él nunca lo hizo.

Para el 2011 me había olvidado por completo de Charlie y no me había gustado nadie después de él; pero ahora me gustaba este tipo. El caso era que Fede, literalmente, esperaba casarse y encontrar una esposa pronto, sentía que el tiempo se le escapaba de las manos y sólo tenía veintiséis años. ¿Cuál era la prisa?

A mi ver, en su cabeza tenía dos opciones:

a) Intentarlo conmigo, con la esperanza de que saliera bien o de lo contrario estaría perdiendo el tiempo.
b) Volver con su impaciente ex de años, por quien moría intensamente por regresar a pesar de que no estaba realmente seguro: *¿ahora ves a dónde va esto?*

De la nada eligió la opción B, dejándome fuera de su vida en sólo un día *—una vez más, como los otros hombres.*

Un par de años después se casaron pero esta no es la peor parte. Durante esos años previos a su boda, trabajé en olvidarme de todo y seguir adelante. En algún momento pensé que él era mi última esperanza, lo veía como un "partido perfecto", así que fue difícil soltar algo que terminó tan repentinamente; **pero ya tenía demasiado en mi plato** con el hecho de no saber por qué me estaba desmoronando en términos de salud.

Decidió invitarme a su boda, a la cual decliné por e-mail cuando me pidieron que confirmara mi asistencia.

No puedo ir. Ya no siento nada, pero de todos modos, ¡esto es despiadado!

Al día siguiente recibí una respuesta al e-mail directamente de él —*no de la señorita del RSVP que contrataron para responder*— pidiéndome que por favor hiciera espacio en mi agenda porque le encantaría tenerme allí en un día tan especial, a lo que no respondí.

Luego, recibí un mensaje directo de él en mi Facebook que decía, "Por favor, March, reconsidera tu respuesta, de verdad me encantaría tenerte allí, sabes que eres una persona muy importante y especial para mí". Una vez más, lo rechacé cortésmente y, supongo que como dicen, la tercera es la vencida.

Me envió un mensaje de texto directamente que decía: "Hola, March, sé que dijiste que no puedes ir, pero significaría muchísimo para mí tenerte conmigo el día de mi boda. Sabes lo mucho que me importas, por favor ven. Me haría muy feliz verte allí".

¡¿Es en serio?! ¿Qué está pensando? Pensé dentro de mí: *estás exagerando, sólo ve, estarás bien. Ya no sientes nada, han pasado más de dos años.*

Fui a su boda con mi hermana y es una de las decisiones que más lamento en mi vida —*ahora he aprendido a no arrepentirme de nada y simplemente tomarlo como una lección aprendida*—, cuando lo vi vestido de novio, mi corazón se hundió. Mientras hacían su primer baile de esposos, sentí mi corazón romperse lentamente, como si alguien lo tomara con una mano y lo aplastara con todas sus fuerzas; nunca había sentido un corazón roto de esa manera.

Estaba devastada, pero también estaba enojada conmigo porque fui yo quien asistió a esa boda en primer lugar. Nunca entendí del todo, primero: ¿Por qué me quería allí?, y segundo: ¿Por qué se casó con tanta prisa?

No me malinterpretes, me divertí mucho cuando pude. En el 2012 regresé a Nueva York, luego de graduarme de la universidad *—después de contraer un virus terrible que, extrañamente, se parece mucho al Covid-19—* literalmente no podía respirar, estaba cansada todo el tiempo y, cuando finalmente fui a mi médico, se había convertido en un broncoespasmo y tuve que ir a la sala de urgencias para que me nebulizaran. Después de un par de meses y una vacuna de influenza, me sentía mejor y me fui al frío invierno de Nueva York para un programa de educación continua en Parsons: *The New School for Design* durante cinco meses. La pasé increíble a pesar de que constantemente me enfermaba debido a que mi sistema inmunológico comenzaba a colapsar.

Conocí a muchas personas, entre ellas, hombres guapos con los que salí de fiesta y disfruté de la escena nocturna; simplemente nada real. **Ninguno estaba interesado en mí de esa manera.** No sabía qué hacer con eso y la verdad es que cuando eres tan joven, eres muy frágil en lo que respecta a la presión social.

NUNCA ME MOLESTÓ,
HASTA QUE ME MOLESTÓ.

Eran demasiadas cosas las que atormentaban mi vida constantemente, mi mente, mis emociones... ¿Qué me estaba pasando?, ¿qué estaba mal conmigo?

Debe haber algo mal en mí, debo estar haciendo algo mal.

Pensé en todas las posibilidades que se te puedan ocurrir. Simplemente no es posible ser soltera o estar sola por tanto tiempo y tener tan mala suerte en el amor. Ningún hombre se atrevía a acercarse y hablarme, y los pocos que lo hacían, siempre me dejaban colgando de la nada, tristemente era algo fuera de este mundo.

- *March, ¿sigues soltera?, ¿por qué?*
- *¿Cómo es que nadie se te acerca?*
- *Creo que eres demasiado "especialita".*
- *Tienes que ser más "zorra".*
- *Necesitas salir más, conocer más gente, ser más social.*
- *¿Sabes cuál es tu problema?, eres demasiado independiente y segura, a los hombres aquí* —en Guadalajara— *no les gusta eso.*
- *¡March! Qué milagro verte por aquí, ya nunca sales, eres una abuelita, ¿¡qué te pasó!?*
- *Tu seguridad asusta a los hombres.*
- *March, la cosa es que el legado de tu familia y tu apellido tienen demasiado peso en la sociedad, has vivido una vida tan cómoda que nadie cree que pueda darte ese nivel de vida.*
- *Cariño, los tiempos han cambiado. No necesitas encontrar un hombre y casarte si no quieres, puedes centrarte totalmente en tu carrera si eso es lo que deseas.*
- *Así está la cosa: de verdad le gustaste. De hecho, te quería demasiado, tanto, que no quería hacerte daño; sabía que eras alguien que realmente vale la pena y no quería estropearlo así que te dejó ir.*
- *March, has superado a tu ciudad.*
- *Pero, ¿te gustan los hombres?*
- *Estás demasiado preparada, eres demasiada mujer para cualquier hombre de estos días. No viajes más, no aprendas más, eres demasiado; eres inalcanzable.*
- *En todo caso, terminarás con un hombre divorciado de al menos cuarenta y cinco años o más* —mientras yo tenía veintisiete— *maduro y lo suficientemente exitoso para ti.*

Estas cosas y miles más me decían. Escuche de todo, se decían tantas cosas de mí, se hacían tantas suposiciones. **Nadie tenía ni idea del infierno en el que estaba viviendo**; ni mis amigos, ni siquiera mi familia, para ellos, simplemente estaba siendo extra-dramática, y además ¡una hipocondríaca que se inventaba enfermedades!

Ahora que lo pienso, fue un proceso largo que duró muchos años y mi desmoronamiento no sucedió de inmediato ni de una manera obvia. **Me iba deteriorando lentamente, perdiendo mi energía, mi luz y mi color.** A medida que pasaba el tiempo, mis órganos se rendían y se apagaban.

¿Qué haces cuando tu sueño más grande es vivir tu propia vida, enamorarte, encontrar al hombre con el que te vas a casar y formar tu propia familia? *—lo sé, no me juzgues, soy muy tradicional cuando se trata de amor, y muy pronto entenderás por qué este sueño específico significó tanto para mí.*

¿Qué haces cuando puedes soportar estar sola, pero no la soledad?

¿Qué haces cuando eres un alma independiente y libre, pero tu cuerpo físico se está apagando y rindiendo lentamente?

Cuando eres muy sociable, pero excluyes a todos porque el dolor y el miedo son demasiado profundos.

Cuando no tienes a nadie a quien abrazar y nadie quien te abrace…

Nadie que te diga "¡Buenos días, guapa!"

Nadie que te necesite.

Nadie a quien amar.

…Y nadie quien te ame.

Nadie...

¿Qué haces cuando tu corazón no ha sentido nada en absoluto? Durante años.

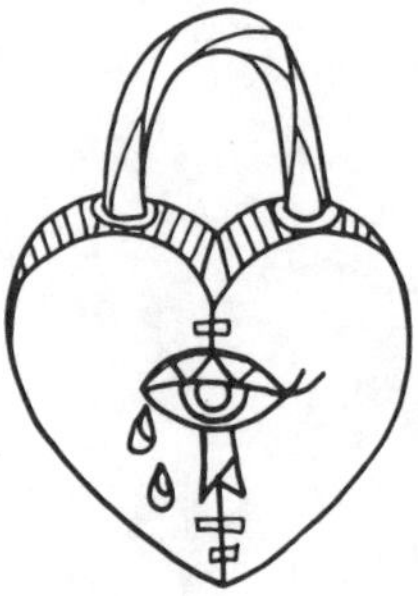

ENTONCES ME ENCIERRO,
MANTENGO A TODOS FUERA PARA QUE NADIE
ME VUELVA A ROMPER EL CORAZÓN
Y FUNCIONA POR UN TIEMPO
HASTA QUE NO FUNCIONA
PORQUE ME SIENTO SOLA,
NADIE PARA ABRAZARME.
ME CAIGO, SANGRO Y ME PICA
PORQUE EXTRAÑO, *EXTRAÑO SENTIR*.

—INGRID ANDRESS ("Feeling Things")

2. DENTRO DEL BOSQUE

Cada vez que cierro los ojos
siento que podría desaparecer
podría desbordar un océano
con la cascada de todas mis lágrimas.
—ONE REPUBLIC ("Wanted")

UN SENTIMIENTO

En enero del 2015, fui puntual a mi cita con la doctora Sylvia, este era el día con el que había soñado *—y en el que había pensado durante todo el Año Nuevo—* con la esperanza de que mi vida finalmente iba a cambiar. Incluso hice una hoja de metas que estaba muy dispuesta en cumplir durante mi 2015 que incluía: bailar más, pintar más, estar más activa, enamorarme, visitar Londres *—uno de mis otros sueños de toda la vida—* entre muchas otras cosas.

Sí, de hecho mi vida cambió, aunque no de la forma que esperaba.

—Hola, Marcela, ¿estás lista para tu nueva vida?, ¿estás emocionada?, ¡va a ser increíble, ya verás! —dijo la doctora muy optimista.

—¡Sí, por supuesto! —respondí nerviosamente.

Ella detalló la manera en que necesitaba comer *—una dieta muy estricta y limpia—* me implantó el pellet de hormonas y me dio el tratamiento de tiroides.

—De ahora en adelante, estas pastillas son tu vida. No puede pasar un día sin que te las tomes, ¿de acuerdo? A medida que pasen los días, definiremos la dosis exacta que necesita tu cuerpo. Vamos a comenzar con media pastilla y luego aumentaremos la dosis progresivamente. Parte de mí estaba emocionada, pero mi entraña decía lo contrario; no podía soportar la idea de vivir con pastillas el resto de mi vida, ya que era demasiado joven para eso; estaba a punto de cumplir veintisiete años y, realmente, no me gustó la idea en absoluto.

LA MEJOR SALIDA
SIEMPRE ES *A TRAVÉS.*
—ROBERT FROST

Le pregunté varias veces si estaba completamente segura de esto, y siempre dijo que sí. Entonces confié, ya que este fue el primer diagnóstico con pruebas clínicas que alguien me había dado en años.

En este punto, yo estaba haciendo todo sola. Nadie en mi casa me acompañaba a ninguna cita, pensaban que estaba inventando todo y, cuando llegué a casa muy emocionada por mi nuevo tratamiento, mi mamá se sorprendió.

—¡¿Cómo pudiste dejar que te insertaran el pellet de hormonas?! Eso es para mujeres mayores con problemas de menopausia, hasta donde yo sé —dijo mi mamá.

Honestamente, no sabía qué decir. Había visitado a tantos médicos, quienes constantemente me hacían análisis de sangre y estudios clínicos *—a los cuales iba yo sola—*, no tenía a nadie en quien apoyarme, a excepción de mi nueva terapeuta, Karla; era la única que me ayudaba a mantener la calma en esos momentos. Sólo podía compartir muy poco con mis amigos hasta que me di cuenta de que tal vez la negatividad que me rodeaba y mis problemas de salud me estaban agotando de una manera que nunca antes había experimentado.

Como mencioné, nunca le dije nada a nadie, los excluí de esto porque no sabía lo que estaba pasando y, al mismo tiempo, no quería que sintieran lástima por mí. Comencé mi tratamiento con las pastillas para la tiroides a primera hora de la mañana y a comer extremadamente limpio, evitando cualquier comida envasada.

En la segunda semana, noté que mi ropa no me quedaba bien; mis caderas se habían ensanchado de alguna manera. Llegué con la doctora Sylvia para mi cita y había subido de peso. Además, todavía sentía el cansancio y me sentía un poco mareada; así que a estas alturas me dijo que necesitaba aumentar mi dosis y comenzar a tomar *una pastilla completa* por día.

Un mes después, estaba tomando *dos pastillas enteras* y no me sentía mejor en absoluto. Sentía desequilibrio e incomodidad de muchas formas, principalmente de manera hormonal. Para febrero, mi período se había detenido por completo y también noté un zumbido en mi oído derecho que ella seguía insistiendo que era un síntoma de gripe; ni siquiera estaba enferma en ese momento. No podía hacer ejercicio como antes porque me sentía débil y con vértigo. Mi sistema digestivo todavía me daba problemas. El acné hormonal comenzó a cubrirme la cara y estaba reteniendo líquidos como nunca.

¡Claramente algo andaba mal! ¡Me sentía terriblemente fatal!

Hablé con la Doctora y lo único que me dijo fue que tenía que darle tiempo al tratamiento y tener paciencia porque así era como funcionaba; fui paciente y seguí intentándolo. **Al final del día, esto era todo lo que tenía,** aun así, mi voz interior insistía en que esto no estaba bien.

MI FE SE COMENZABA A DESMORONAR.

Ese año cumplí veintisiete y, ante el deseo de sentirme viva y amada, decidí celebrarlo con una cena y una noche de fiesta en un antro con mis amigos. Sin embargo, unos días antes de mi cumpleaños me empezó a doler la garganta y me enfermé de gripe bastante fuerte, pero eso no me impidió festejarlo. El día de mi cumpleaños tenía energía suficiente, los síntomas del resfriado habían desaparecido, pero mi voz se había ido, no podía hablar. Estuve afónica cinco días más, pero celebré de todos modos.

También era Semana Santa, así que un par de días después de mi fiesta, manejé con mi hermana y sus amigas a Puerto Vallarta para relajarme durante una semana. Hicieron planes para divertirse y disfrutar de la playa y la escena nocturna como se hace normalmente y yo, bueno, lo único que quería era sentirme bien, descansar y recuperarme. Eso exactamente fue lo que intenté hacer.

En Puerto Vallarta, mientras estaba en mi habitación luminosa y con vistas pacíficas al océano, me sentía sola y como una mierda. Quería dejar de tener estos síntomas, pero resulta que a medida que pasaban los días, el medicamento para la tiroides sólo me hacía sentir más dolor y otros síntomas de los que jamás pensé que mi cuerpo era capaz de padecer. **La lucha se estaba volviendo no sólo física y emocional, sino también extremadamente mental.**

Ahora, no nada más mi sistema hormonal era un desastre, sino que no había tenido un período desde enero, ¡estaba hinchada por toda la retención de líquidos, mi voz estaba regresando lentamente, pero mi gripe también regresó! Mis niveles de energía cambiaban constantemente a lo largo del día sin llegar a su punto máximo, pero siempre cayendo en picada. El zumbido en mi oído derecho había empeorado, era como si una presencia maligna emitiera un gemido en mí, todo el tiempo, helando mi sangre; mi cara estaba cubierta de acné hormonal, mis manos temblaban y no podía sostener nada correctamente, y estos eran sólo síntomas físicos.

Emocionalmente era un desastre, aquí estaba yo en uno de los lugares que más amo en el mundo, en este hermoso apartamento, y no podía salir; no podía beber; no podía desvelarme; no podía estar de pie.

La soledad y la tristeza que sentía eran diferentes a cualquier cosa que haya experimentado antes. Tenía una sensación de vacío y de muerte inexplicables, una sensación de estar gélida y seca, rota por dentro.

Mentalmente, la incertidumbre, el miedo y el agotamiento que sentí fueron tremendos, esta fue la primera vez que experimenté pensamientos oscuros y mi fe fue probada.

¿Por qué me siento tan perdida? ¿Qué me está pasando? ¿Por qué me estoy desmoronando?¿Qué es lo que tengo? ¿Qué me pasa? ¿Por qué nadie se preocupa por mí? ¿Por qué nadie me quiere?... Ya no puedo hacer esto, ha pasado demasiado tiempo. Sólo quiero dejar de sentir dolor. ¿Qué puedo hacer para detener el dolor?

... Morir

Pensamientos como estos inundaron mi mente esa noche y, justo cuando pensaba en morir, me petrifiqué. Estaba verdaderamente asustada por los pensamientos que acababan de pasar por mi mente. Incluso pensé en formas de hacerlo realidad: aventarme del barandal, empastillarme, asfixiarme... simplemente de recordarlo y escribirlo me tiemblan y me sudan las manos.

¡¿Qué diablos, March?! Detente, esta no eres tú, no te rindas todavía. Respira. Intenta dormir por ahora.

Este fue mi primer fondo. Nunca había conocido una depresión real hasta el día en que comenzó, me di cuenta de que estaba entrando en un mundo desconocido. Luchando contra lo que sería una batalla muy larga y muy dura.

LO QUE NO VI VENIR ERA CUÁNTO TIEMPO TOMARÍA ESTA BATALLA, Y MUCHO MENOS, TODO LO QUE ME QUITARÍA.

Me puse los audífonos con sonidos relajantes para evitar que el zumbido, cada vez más horrible e intenso, me impidiera descansar y me quedé dormida.

A la mañana siguiente le envié un mensaje de texto a la doctora Sylvia diciéndole que no me sentía nada bien, le enumeré los síntomas y le mencioné que no había notado algún cambio bueno desde que empecé con el tratamiento.

—¿Estás segura de que mis síntomas son normales?

—Marcela, ten paciencia. No sé por qué tu cuerpo está tardando más en reaccionar a los medicamentos, pero estarás bien —respondió ella.

En este punto, mi voz interior era más fuerte que nunca e insistía *¡esto no está bien, no es normal!,* así que le dije:

—Mira, Sylvia, ya lo intenté durante demasiado tiempo. Has estado aumentando la cantidad de pastillas y, sinceramente, no he visto una pequeña mejoría, de hecho, nunca me había sentido tan mal. Es lo peor que he sentido en mi vida. Así que voy a parar, ¡ya no puedo soportarlo más! ¡He perdido mis fuerzas, me siento destrozada!

Ella no estaba contenta con mi respuesta, nunca me contestó. Verás, ella es una de estas doctoras que cree que es la mejor en su campo y la humildad profesional no estaba en ella. Una vez que se dio cuenta de que estaba fracasando como doctora, decidió cerrar las puertas en lugar de aceptar sus errores y guiarme hacia alguien más.

Pasé incontables días y noches llorando sin saber qué hacer y mis únicos pensamientos eran sobre cada paso que había dado en este trayecto. Debo confesar que entonces recordé con detalle cada percance, la mala suerte que seguía cayendo sobre mí, incluidos los accidentes, todas las traiciones, todos los hombres que me lastimaron, la soledad y la incertidumbre... **Todo esto me rompió el corazón de una manera que nunca había experimentado antes.** Podía sentir toda la vida, todo el color, toda la confianza y mi seguridad desbordándose de mí; y mi corazón convirtiéndose en acero duro y frío. Algo me estaba atacando de forma brutal, implacable.

Al año siguiente, mientras seguía en la dura batalla, estaba tan enojada por la negligencia médica de la doctora que necesitaba dejarlo salir. Así que le envié un mensaje de texto, muy cordial: “Hola Sylvia, soy Marcela, tal vez no me recuerdas, pero sólo quería que supieras que ha sido un año en el que me ha costado la vida recuperarme y todavía no lo logro. He estado batallando muy duro contra todo el daño que me hiciste a mí y a mis órganos. Ha sido un año muy difícil, y la única razón por la que te estoy escribiendo es porque espero y deseo que tengas más cuidado con tus pacientes a partir de ahora; no le deseo esta pesadilla a nadie. Saludos."

A lo que ella respondió una hora después: "Ok." Y en la siguiente media hora agregó: "Gracias por tu consejo".

El ego es algo curioso, cuando dejas que te llene pierdes todo el sentido común y todo sentido humano dentro de ti. Simplemente te desprendes de la compasión, la empatía y el amor. Si ella hubiera sido más empática, si se hubiera guiado por el amor, su respuesta hubiera sido diferente y tal vez se hubiera acercado durante esos días para ver cómo me estaba yendo.

SI NO PUEDES VOLAR ENTONCES CORRE,
SI NO PUEDES CORRER ENTONCES CAMINA,
SI NO PUEDES CAMINAR ENTONCES ARRÁSTRATE,
PERO HAZ LO QUE TENGAS QUE HACER
PARA SEGUIR *MOVIÉNDOTE HACIA ADELANTE*.
—MARTIN LUTHER KING JR.

CAÍDA LIBRE

Abril de 2015 fue el mes más largo, difícil y agotador de mi vida, un mes en el que estuve en lo más profundo del infierno; mi cuerpo, mi mente y mi alma fueron sacudidos y destrozados a la vez.

ME ESTABA CAYENDO EN ALGO QUE NUNCA IMAGINÉ; ESTABA EN CAÍDA LIBRE HACIA LO DESCONOCIDO.

Este hoyo era tan oscuro y profundo que no podía ver el fondo, ni siquiera sabía si existía, no sabía si tocaría el suelo. Francamente, **yo sólo esperaba desaparecer porque no podía soportarlo más.** Realmente pensé que me iba a morir. Podría enumerar todos los síntomas y completar una página completa.

Físicamente aumenté de peso y volumen, mi sistema digestivo estaba en su peor momento, retuve líquidos de formas inimaginables, se me partían las uñas, se me caía el cabello, el acné hormonal había empeorado. El zumbido aumentó tanto que necesitaba dormir con los audífonos puestos para evitar que el sonido me molestara; podía escucharlo todo el día y, además, noté que no podía escuchar correctamente con mi oído derecho. Comencé a experimentar fuertes latidos del corazón y taquicardias por las noches y falta de aliento. Empecé a sentir una sensación de hormigueo que corría por todo el lado derecho de mi cuerpo desde los dedos del pie hasta la cara; en un momento sentí que mi cara se paralizaría. Me enfermaba constantemente porque mi sistema inmunológico también se estaba colapsando; me daban gripes terribles cada mes. Mi sistema nervioso estaba tan dañado que mis manos siempre temblaban; no podía sostener un pincel con firmeza. Y una cosa más, habían sido ya tres meses sin período. Estaba verdaderamente arruinada.

Mi insomnio había empeorado; sentía continuamente una presencia, algo pesado y helado sobre mí, a veces ese peso se movía sobre mi cuerpo y me lastimaba, yo sólo veía con horror que no estaba soñando, ¡todo era real!, además constantemente sentía que mi cuerpo se paralizaba por las noches; si tenía suerte, dormía bien dos o tres noches de siete; no podía estar de pie físicamente más de cinco minutos sin sentirme débil y desmayándome, fue entonces cuando me di cuenta de que esta iba a ser una batalla muy difícil de luchar.

Emocionalmente estaba deshecha, estaba triste, sola y asustada todo el tiempo. No sabía qué hacer con esto. Me quedaba sola en casa todas las noches, ya que no podía salir en absoluto. Apenas podía levantarme de la cama cada mañana porque no encontraba fuerzas.

¿Cómo puedo explicar mejor el sentimiento? Cada mañana me despertaba sintiéndome optimista, lista para luchar, diciéndole a mi mente y mi cuerpo que se prepararan porque *hoy será el día en el que me voy a sentir bien,* y sin embargo, después de una hora levantada, tenía que volver a mi cama, ¡mi cuerpo no podía soportarlo!

Todas las mañanas me sentía como si corriera a toda velocidad, lista para derribar el muro, pero este enorme muro me derribaba una y otra vez. Así fue cada día, durante al menos ocho años seguidos, así es exactamente como me sentí en este punto.

Era como estar en mi burbuja, en mi propia cárcel, en una celda del infierno, simplemente mirando hacia afuera desde adentro y viendo cómo todos en mi círculo seguían adelante con sus vidas, cumpliendo sueños, alcanzando nuevas etapas, brillando y prosperando, mientras yo estaba entumecida, estancada, perdida y viviendo mi abismo personal.

LUCHABA POR SEGUIR UN DÍA A LA VEZ.

Recuerdo que hubo un momento en el que después de reunir toda mi fuerza y energía, iba manejando hacia una reunión con amigas y, mientras estaba en el auto, sentí un vértigo constante que me debilitó. Quería ser fuerte y dejar de creer que estaba enferma… Después de todo, dicen que la mente es súper-poderosa.

Hoy reconozco que fue imprudente de mi parte conducir en ese estado, pero quería demostrarme que estaba bien. Quería presentarme ante mis amigas y sentirme como antes, aunque sólo fuera por un momento; había estado aislada y escondida durante tanto tiempo que necesitaba al menos intentarlo. Ese día me di cuenta de que estaba muy mal en todos los niveles; estaba escondiendo mi propia realidad.

DURANTE AÑOS TODOS DECÍAN QUE YO ERA TAN FUERTE, OPTIMISTA Y SEGURA, PERO LO QUE NO SABÍAN ERA QUE YO YA NO PODÍA CONTINUAR, ESTAR DE PIE Y SONREÍR MÁS.

SÉ PACIENTEY FUERTE,
ALGÚN DÍA ESTE DOLOR TE *SERÁ ÚTIL*.
—OVIDIO

Un día, mientras estaba en mi terapia emocional con Karla, donde sólo trataba de encontrar paz y equilibrio, estaba despotricando y llorando al mismo tiempo.

—Tengo mucho miedo, no sé qué me está pasando. ¿Por qué nadie puede decirme? He visitado a los mejores médicos a lo largo de los últimos cinco años y, la que tenía un veredicto y en la que confié, terminó arruinándome. Siento que mi vida y mis sueños se me están escapando de mis manos. Me siento muy estancada en todas las formas posibles.

Ella me escuchó y me dio una terapia similar a la meditación con trabajo de respiraciones para calmarme. Luego, me sugirió a una amiga homeópata, Betty, que era excelente en su trabajo y también trabajaba con imanes y energía.

¿Energía? ¿Cómo funciona eso? ¿Qué es eso?

Obligué a mi mente a dejar de hacer preguntas y simplemente actuar, hacer, ir. El tiempo se agotaba a medida que pasaban los días, la verdad: me estaba muriendo y mis órganos se estaban apagando.

Después de dejar a la doctora Sylvia y por recomendaciones de Betty, la homeópata, no podía dejar de tomar esas píldoras para la tiroides de forma abrupta, ya que esto provocaría que mi sistema mental y emocional colapsara aún más. Incluso podía ocasionar delirios y entrar en un estado más profundo de depresión del cual sería más difícil de salir.

Traté de explicarle todo desde el principio, pero el asombro no es una palabra que describiría su reacción, Betty simplemente no creía lo que veía ni lo que escuchaba; para ella no tenía sentido. Comencé su tratamiento y durante las siguientes semanas, bajé gradualmente mi ingesta de pastillas para la tiroides, de dos pastillas disminuí a una y media y así sucesivamente hasta que finalmente dejé de tomarlas.

¡Por fiiiin! Estaba muy feliz por este hecho. Pastillas asesinas ¡fuera!

SIN EMBARGO, LA BATALLA APENAS COMENZABA.

Betty empezó a tratarme con terapias holísticas incluyendo acupuntura, sanación con sonido, energía/reiki, homeopatía y terapia de imanes; nunca supe que esto existía. Es bastante loco cuando piensas en todos estos remedios holísticos. *(La terapia magnética utiliza diferentes tipos de imanes en el cuerpo para ayudar a mejorar la salud en general o ayudar con afecciones específicas. El cuerpo tiene naturalmente campos magnéticos y eléctricos; la idea detrás de la terapia magnética es que ciertos problemas ocurren porque sus campos magnéticos están fuera de equilibrio. Si colocas un campo magnético cerca de tu cuerpo, se cree que las cosas volverán a la normalidad).*

La homeópata no tenía un veredicto para mí, pero estaba tratando de ayudar a aliviar parte del dolor físico, emocional y mental que tenía. Además, podía ver lo mal que estaban algunos de mis órganos, especialmente mi hígado desde que tomé el último tratamiento de tiroides.

Durante otra de las sesiones, Karla también notó que yo era un desastre. Vio que mi miedo y mi ansiedad aumentaban minuto a minuto.

—Escucha, debes mantener la calma. ¿Por qué no pruebas con otra endocrinóloga? He oído hablar de una realmente buena y la gente habla maravillas de ella. Inténtalo una vez más —dijo Karla, mi terapeuta.

—¿Otra? Mira, no quiero más medicinas. Mi hígado ya está muy mal.

—Pruébalo, no necesitas seguir el tratamiento hasta que te sientas segura. Sólo ve y pide otra opinión.

Déjame decirte que mi instinto y mi voz interior estaban en lo cierto todo este tiempo, pero como estaba desesperada y no tenía otra salida, fui a buscar mi nuevo veredicto. Me indicaron las mismas pruebas que la doctora Sylvia pidió meses atrás, incluida la prueba de glucosa, sólo que esta vez no fue una grata experiencia.

Recuerda que todo lo estaba haciendo yo sola, así que apenas puedes imaginar el estrés adicional que esto agregó a toda mi experiencia.

Esta vez, cuando tomé ese mismo líquido amarillo brillante y extremadamente dulce, me golpeó fuerte *—hay que esperar una hora para ver los efectos—:* en sólo quince minutos tuve náuseas y un dolor de cabeza repentino, el cansancio me llenó y me quedé dormida en la clínica. Conducir de regreso a mi casa no fue un viaje divertido, tuve que hacer una parada para comer algo, ya que estas pruebas se realizan en ayunas.

Una semana después, cuando regresé con la nueva endocrinóloga por los resultados, me dijo: "No estás bien, Marcela, eres prediabética y...."; me lo explicó todo. Cuando dijo estas palabras exactas, todo lo que hice fue reírme por dentro; todo parecía una broma.

No puede ser posible. ¡¿Ahora soy prediabética?!

Honestamente, escuché las órdenes y cuando llegué a casa lo tiré todo a la basura. Mi instinto no confiaba en este veredicto. No estaba dispuesta a tomar más pastillas para volver a esa pesadilla. **Mi estrés, mi miedo e incertidumbre se hicieron más profundos.** No podían arreglarme; nadie me daba una respuesta completa y veraz de lo que me pasaba.

Perdí la fe. ¿Cómo podía confiar y creer en un Dios tan bondadoso que permite este tipo de vida a alguien bueno? Alguien que no ha hecho ningún mal, que sigue las reglas y que está tratando con todo su corazón de vivir. Sí, ya sé, quizá me escuche soberbia pero créeme, me sentía presa de un demonio.

ME ESTABA DANDO POR VENCIDA LENTAMENTE.

Durante esa misma semana, en mi tercera sesión de magnetoterapia con Betty, sentí que algunos de mis músculos brincaban y se contraían, lo que me llamó la atención.

—Es completamente normal, eso significa que los imanes están trabajando y realineándose —dijo Betty.

Uhm… ok.

Salí de la clínica con mucha seguridad, forzando a mi mente a pensar: "Esto funcionará". Esa misma tarde comencé a sentir un gran peso en los hombros. Mi cuello se puso rígido, sentí una repentina necesidad de llorar y me empezó a doler la cabeza. *Esto está muy raro.*

En alguna ocasión una amiga me dijo que la mente es muy poderosa, que sólo tenía que decretarlo de corazón y la respuesta aparecería. Yo comprendí exactamente lo que me quiso decir, pero lo que sea que me estaba pasando no era una cuestión de mentalidad, era más grande que eso.

¿Qué haces cuando tienes la mentalidad y el optimismo adecuado, pero no tienes la fuerza física para despertar al día siguiente y pararte junto a tu cama?

LA ADVERSIDAD ES COMO UN VIENTO FUERTE.
ARRANCA DE NOSOTROS TODO
MENOS LAS COSAS QUE NO SE PUEDEN ARRANCAR,
PARA QUE NOS VEAMOS COMO *REALMENTE SOMOS*.

—ARTHUR GOLDEN

EL FONDO

Llegué a casa, esa noche mi cabeza latía con fuerza, nunca vi una conexión entre lo que estaba sintiendo y la magnetoterapia de Betty hasta que todo comenzó a intensificarse. Mi cuello estaba tan rígido y adolorido, y mi cabeza latía tan fuerte, que todo lo que quería era irme a la cama. Me tomé un analgésico, me puse los audífonos y me acosté. Después de unos minutos, el dolor simplemente se agravó y la montaña de sentimientos comenzó a llenarme.

Aún podía escuchar el zumbido, la presencia insoportable, podía sentir el hormigueo a lo largo de todo mi costado derecho desde los dedos de los pies hasta mi cara. La cabeza me retumbaba tan fuerte que podía sentir cada latido golpeando en mi cerebro. Cada síntoma… todos a la vez. Veía las cosas más rígidas ablandarse y sus sombras cambiaban como si el tiempo pasara muy rápido, de pronto todo se hacía oscuro, helado, impenetrable.

Como comparto la recámara con mi hermana, caminé hasta el baño para estar sola, y luego mis ojos comenzaron a llenarse de lágrimas.

No puedo soportar esto, ya no más, ¿qué me está pasando? Me estoy desmoronando.

Lloraba incontrolablemente y, cuanto más lloraba, más me latía la cabeza, sentía como si enormes agujas me penetraran causando un ardor horrible, un dolor que crecía y que me impedía respirar, en ese momento pensaba que mi cabeza estallaría para finalmente morir.

MI FE SE DESVANECIÓ POR COMPLETO.

Había dejado de rezar durante meses, dejé de ir a misa, dejé de tener esperanzas y de creer. Si Dios era tan bueno, ¿cómo podía permitir esto?

Soy buena, siempre me he portado bien y he sido obediente; no me merezco nada de esto. No he hecho nada malo, siempre he hecho todo bien, siguiendo las reglas y con corazón. He sido buena con todos, ¡ya es suficiente! No puedo vivir con este dolor, lo único que quiero es morir. Quiero y necesito que esto se termine, quiero descansar.

El dolor de cabeza era tan fuerte que me senté en la ducha mientras dejaba correr el agua. Estaba deseando con todo mi corazón no tener que despertar al día siguiente. No me iba a quitar la vida —*aunque quería hacerlo*— porque esa no soy yo. En este punto, no estaba segura de con quién estaba hablando y si había alguien escuchándome.

Por favor, o esto se detiene o yo me detengo, ¡no puedo soportarlo más! La lucha, el dolor, la soledad que he estado sintiendo; la incertidumbre y el miedo que estoy viviendo no son humanos. Déjame morir, por favor.

Mi hermana estaba asustada, consternada y preocupada; nunca me había visto así y me preguntaba constantemente: "¿Qué hago? ¿Cómo puedo ayudarte?... ¿Qué hago?" ¿Sabes qué?, ella no podía hacer nada, aparentemente, nadie podía. Después de muchas horas, volví a la cama y me quedé dormida.

**CUANDO TOQUÉ FONDO ESTA VEZ,
LO PERDÍ TODO, NO TENÍA NADA NI A NADIE.**

Sin salud, sin fuerza física, sin nadie con quien caminar y sin un gramo de fe. Todo lo que podía hacer era llorar, no sabía qué más hacer ni a quién llamar. Estaba convencida de que no merecía nada de esto. Me sentía completamente perdida y devastada, enojada con la vida, con la gente, y conmigo por creer estúpidamente en la única doctora que me dio un veredicto; la única que me había dado alguna señal de cura para lo que había estado sintiendo todos estos años y la que terminó por complicar aún más las cosas. **Estaba enojada con Dios.**

A la mañana siguiente, me desperté y descubrí que mis oraciones no habían sido escuchadas. Seguía devastada.

¡No, sigo viva... No!

Me sentía muy mareada, con vértigo, los ojos me ardían, no me sentía bien y después del episodio de anoche, necesitaba hablar con Betty. Cuando agarré mi teléfono, vi mis manos completamente arrugadas como las manos de una anciana. Mi corazón empezó a latir rápido; me estaba volviendo loca de desesperación. No sólo me sentía inestable, sino cansada y débil; todo mi cuerpo estaba hinchado, me sentía como un monstruo y el hormigueo había aumentado.

—Marcela, tuviste un episodio catártico muy fuerte, es bastante normal, ya que he estado moviendo mucha energía en tus órganos —me dijo Betty.

Esto de ser "proceso normal", esto de que los médicos me decían constantemente "ten paciencia, estarás bien", me comenzó a parecer muy cíclico y repetitivo; no me estaba gustando nada de eso. La incertidumbre me golpeó con más fuerza que nunca. **Jamás en mi vida había estado tan asustada y perdida**.

Después de visitar a tantos médicos buscando una respuesta a mis síntomas, recordé que la única vez que la hubo, se empeoró mi salud por negligencia; en ese momento me sentí deshecha. Viví años de incertidumbre interminable y el único sentimiento que aumentaba dentro de mí era el miedo, y era tan profundo, que pensé que nunca encontraría mi salida.

Esa noche lloré por un largo rato y me di cuenta de que lo había perdido todo. Levantarme de mis caídas diariamente se estaba volviendo agotador. El nivel de miedo en este punto era algo que nunca había experimentado y a partir de este momento, mis emociones empezaron a oscurecerse; una oscuridad donde pensé que nunca volvería a ver la luz.

Toqué fondo esa noche de la manera más oscura, profunda y dolorosa; no tenía a dónde ir, nada a lo que agarrarme y nadie a quien acudir. Nadie me auxiliaba pues no creían en mí. Lo había perdido todo de todas las formas posibles: física, mental, emocional y espiritualmente. **Y justo en ese momento, me rendí.**

Me entregué a la fe porque, por intangible que es, todavía puedo recordar que era lo único que tenía para aferrarme, sólo si yo quería. Me tocaba confiar y dejar ir, sin saber a dónde me llevaría esta decisión.

Se dice que llorar es bueno para el corazón y para el alma. Dicen que las lágrimas te sanan mientras dejas salir los sentimientos que te atormentan, pero esta vez no lo sentí así. Esta vez sentía que en cada lágrima mi vida, mi color, mi confianza y la pequeña chispa que solía tener se derramaban y salían de mí.

Respiré profundamente en medio de mi llanto, miré hacia arriba y dije: "Ya no puedo seguir, Dios mío. O estás aquí o no estás. Depende de ti si sobrevivo, o si simplemente dejo esta Tierra; estoy agotada, ya no puedo más. A partir de ahora, toma las riendas de mi vida y llévame a donde se supone que debo estar. He terminado, me rindo."

Me fui a la cama con la esperanza de que *Él* me escucharía y no tuviera que despertarme a la mañana siguiente; pero luego, por la mañana, abrí los ojos una vez más, seguía derrotada.

...*Sigo viva.*

EL MOMENTO DE LA RENDICIÓN
NO ES CUANDO LA VIDA TERMINA,
ES CUANDO *COMIENZA*.

—MARIANNE WILLIAMSON

Lo que ahora sé es que **dejar ir y aferrarme a ese pequeño grano de fe fue lo único que me salvó.** Durante el resto del 2015, seguí tocando fondo, pero este momento fue diferente a mis experiencias anteriores. Tocar un fondo como éste finalmente fue lo mejor que me pasó y simplemente no lo vi de inmediato.

Después de mi episodio catártico con mis múltiples síntomas, mi período finalmente regresó, pero no era normal; sangraba cada cuatro días. Cuando visité a mi ginecóloga, me recetó unas pastillas anticonceptivas ligeras para ayudar a regular mi período y, como ahora puedes prever, sólo funcionaron por un tiempo. A mediados de mayo, se puso muy mal la cosa.

Mientras estaba con Karla, no pude evitar que mis lágrimas se derramaran cuando le conté lo que había sucedido hacía un par de días.

—No puedo soportarlo más, soy un desastre. Nadie sabe qué me pasa; nunca había sentido tanta incertidumbre y miedo en mi vida. No pueden arreglarme, sólo quiero que esto se termine —le dije.

Podía verla pensando en silencio y con firmeza, luego vi la primera lucecita que apareció en mi camino después de rendirme.

—Sabes, tengo un hermano que tiene esta máquina que escanea todo tu cuerpo en todos los sentidos y prácticamente detecta cualquier cosa que esté mal —dijo Karla.

—¡¿Qué?! ¡¿Por qué nunca me lo dijiste, después de tanta incertidumbre durante tanto tiempo?!

—Lo siento, no se me ocurrió antes porque él no vive aquí. Está ubicado en la Ciudad de México, supongo que nunca se me pasó por la cabeza hasta ahora —respondió Karla.

—No me importa si tengo que ir a Tombuctú, necesito que alguien me diga qué me pasa. Ya tuve suficiente de esto y este miedo e incertidumbre me están matando lentamente.

Honestamente, estaba en un punto en el que prefería que me dijeran "tienes cáncer", pero saber ya qué tenía y por dónde atacarlo.

Cuando salí de la clínica, llamé a mi papá para contarle lo que Karla me acababa de decir, a lo que él respondió rápidamente:

—¡Haz una cita ya!, yo te acompaño.

Esta fue la primera vez que alguien de mi familia se involucró, pero verás, el día después de que tuve mi episodio catártico, él me vio llorar, vio mis manos arrugadas y pudo ver que no estaba bien. Entonces empezó a preocuparse y ni siquiera sabíamos si existía dicha máquina, no sabíamos si funcionaría, **pero al menos tenía que intentarlo una vez más.**

SACUDIDA, OTRA VEZ

En mi amplia analogía de la vida, hay una cubeta para la salud, una cubeta para la economía y una cubeta para la felicidad y el amor. A mediados del 2015, pensé:

Mi cubeta de la economía se está agotando, tengo suerte de no tener un trabajo del que deba ocuparme porque ya me habrían despedido. He estado pagando todas mis terapias y la mayoría de mis estudios clínicos —extremadamente caros— *porque me da pena pedirle más a mi papá. Dios, soy la hija más cara y complicada que alguien podría tener, ¿cómo pueden aguantarme? Ahora entiendo por qué no me creen. Al menos no tengo que pagar la renta ni la comida. ¡Wow!, ahora me doy cuenta de la suerte que tengo de estar en casa con mi familia.*

Mi cubeta de la felicidad o el amor está completamente vacía, pero ni siquiera me importa. Deseo con todo mi corazón tener a alguien a quien amar y alguien que me apoye en este momento, pero la verdad es que si no puedo conmigo, ¿cómo diablos podría con alguien más? Imagínate si tuviera hijos en este momento… Los pobres se hubieran muerto de hambre, ¿cómo lo habría hecho? No tengo fuerza física y ninguna capacidad para cuidar de nadie más. No estoy equilibrada física, mental, emocional y espiritualmente. No puedo concentrarme en este sueño en este momento.

Por último, mi cubeta de salud no tiene fondo, ni siquiera puedo ver en dónde está la base. Todo lo que veo es oscuridad, este es mi enfoque hasta el día en que recupere mi vida.

Era la primera semana de mayo, mi papá y yo viajamos a la Ciudad de México, y justo cuando aterrizamos sentí mucha inestabilidad y mi cabeza pesada, estaba tan mal que mi cuerpo no podía tolerar la altura y la presión de la ciudad.

Llegamos puntual a mi cita con el doctor Arny. Era joven, tan sólo unos años mayor que yo; algo que no esperaba. Había traído conmigo todos y cada uno de mis estudios clínicos. Cuando entré a su consultorio traté de entregarle los papeles, pero él no los tomó.

—No me muestres nada, no me digas nada. Quiero ver qué rastrea y escanea la computadora, y partiremos desde allí —dijo el doctor.

Primero, escaneó todos los puntos principales de mis manos y mis pies, después me puso un casco que detectó todos los puntos neurológicos mientras me hacía un drenaje linfático, además de tomar prueba salival de ADN.

Todo lo que podía escuchar eran pitidos cada vez que escaneaba ciertos puntos y podía ver una gráfica en la pantalla de la computadora con una línea en el medio marcando *cincuenta* que significa *equilibrio,* exactamente donde debe marcar cada escaneo. Si sube arriba de cincuenta, se considera *alto* y si baja de cuarenta y nueve se considera *bajo*. Estaba asimilando todo y prestando mucha atención mientras rezaba en silencio con la esperanza de que encontrara algo.

Por favor Dios mío, esta es mi última oportunidad, por favor, deja que haya una respuesta.

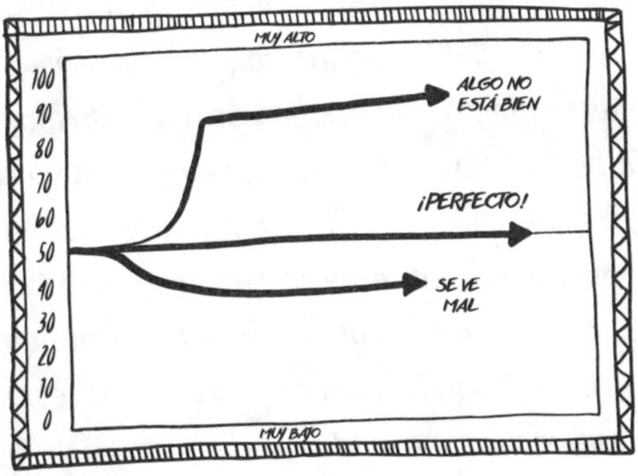

Después de una hora de ser escaneada, me miró sorprendido y en estado de shock.

—Ok, pues, hay varias cosas aquí, ¿cómo puedo explicar esto? Todo tu sistema corporal está descompensado. Tu sistema endocrino está muy dañado, puedo ver que tienes fatiga suprarrenal y tu tiroides está estropeada. Tu sistema hormonal está completamente desequilibrado; por ejemplo, tus niveles de cortisol están alcanzando su punto máximo. También tienes síndrome de ovario poliquístico, acné en varias partes del cuerpo, retención extrema de líquidos. Tu glucosa también es bastante alta y parece que eres pre-diabética. Tu sistema digestivo colapsó; tu metabolismo está funcionando anormalmente y estás deshidratada. Tu cuerpo está rechazando ciertos alimentos y bebidas como el vino, la cerveza, el gluten, la cebada, las carnes rojas, los lácteos, entre otras cosas. Tu sistema nervioso también está severamente dañado y tu sistema inmunológico está casi en cero. Veo que has tenido resfriados constantes y casos de gripe continuos. Veo contracturas en tus cervicales y el mismo estrés te está causando contracturas musculares. Veo que también tuviste mononucleosis hace mucho tiempo, ¿verdad? —dijo Arny.

—¿¡Qué?!, sí, cuando tenía ocho años. ¿¡Eso también lo detecta la computadora!? —fue todo lo que pregunté.

Estaba completamente abrumada por la montaña de cosas que acababa de decir, cosas que eran exactamente lo que había estado sintiendo.

—Sí, todo está aquí, también detecta el área emocional, la cual, por cierto, puedo ver que también ha estado bastante inestable, no es de extrañar. ¿Esta información coincide con lo que has estado sintiendo?

—Estoy impactada. Sí, 100%; ha sido una pesadilla, nadie ha podido decirme lo que tengo; cada médico al que fui sólo trató su área, pero no la raíz del problema y creo que uno de esos últimos tratamientos que me dieron me arruinó aún más.

—No hay un solo diagnóstico, están sucediendo muchas cosas en tu cuerpo y es mucho para asimilar. ¿Qué médicos estás consultando, tienes un ginecólogo?

—Sí, he estado en consulta con una, pero como ella no entiende lo que me está pasando, no sabe qué hacer conmigo. También estoy asistiendo a terapia emocional con tu hermana, y me ha ayudado psicológicamente; también estoy viendo a una homeópata que me está tratando con medicina alternativa, pero no he tenido suerte.

De hecho, era demasiado para asimilar y, ¿sabes qué?, este no era el veredicto que esperaba. Esperaba algo más claro, algo que tendría un único remedio, pero ¿sabes cuando dicen que las cosas de la vida nunca llegan fáciles?, éste es un claro ejemplo.

Estaba muy emocionada de que alguien finalmente me diera un diagnóstico *—y demostrar a mi familia—* que todo lo que les dije durante años era realmente cierto. No era hipocondríaca en absoluto.

—Marcela, vuelve con tu ginecóloga y habla con ella, necesitamos equilibrar ese sistema. Ojalá yo pudiera tratarte personalmente y verte cada semana, pero como no vives aquí, sería muy caro y no es ético; por favor, mantenme informado de todo. Por otro lado, ¿estás haciendo ejercicio?

—Bueno, lo intento, trato de bailar, pero últimamente me siento muy cansada y con náuseas, apenas puedo estar de pie y mucho menos hacer ejercicio —respondí.

—Tienes que dejar de hacer ejercicio y cualquier entrenamiento de alta intensidad, ya que no le hace bien a tu cuerpo. En todo caso, intenta caminar unos minutos —me dijo Arny.

¡Pff, esto es broma! ¿Caminar 20 minutos? ¿Qué tipo de ejercicio es ése?

Tuve que parar completamente, ni siquiera podía aguantar dos minutos marchando. Arny trabaja sólo con remedios naturales, por lo que me recetó todo lo que necesitaba tomar, incluidos suplementos para equilibrar las hormonas de forma natural y electrolitos que debía tomar a diario para restaurar mi deshidratación.

Cuando volví a casa en Guadalajara, fui directo a mi ginecóloga y le conté todo, ella no podía comprender cómo demonios este "médico" me escaneó y obtuvo toda esa información, pero me creyó. Después de que algunas pruebas hormonales y el seguimiento de mi período demostraran que las pastillas anticonceptivas no estaban funcionando, me recetó otras más fuertes.

—No me siento nada bien, pero me voy a Boston la semana que viene, ya que mi hermano se gradúa de su maestría. Mi período no se ha detenido desde hace días, han pasado dos semanas y no sé qué hacer —le dije.

—Ok, escucha, estas píldoras son muy fuertes y seguramente detendrán el sangrado. Necesito que te comuniques conmigo en el momento en que no te sientas bien. Muchas mujeres no las toleran, pero ahorita es todo lo que podemos hacer. ¿Estás preparada para ello? —preguntó mi doctora.

—Sí, claro, necesito que este sangrado se detenga —respondí con seguridad sin saber lo que me esperaba en ese viaje.

Mientras estaba en Boston, tres días después de tomar las nuevas píldoras, me sentía tranquila de que funcionaran; no lo podía creer.

¡Como magia! Qué bueno que sí las acepté.

Al cuarto día con las pastillas: *Espera, no me siento tan bien. ¿Por qué mi ropa no me queda? Me veo horrible.*

El quinto día fue agridulce para mí, mi hermano, quien había estado más de un año en Boston, finalmente terminó su maestría y se graduaba ese mismo día. Estaba muy emocionada por él, pero para mí fue el peor viaje de mi vida. Todavía estaba luchando con mis niveles de energía y caminar durante todo el día no era algo que toleraba, lo único que quería era quedarme en el hotel y descansar. Además, la ceremonia de graduación duraría mucho y teníamos reservación para cenar en uno de los mejores restaurantes de la ciudad, seguido de una salida a bares con mi hermano y todos sus amigos. Si hubiera estado en mi mejor momento *—o simplemente mejor—* habría sido el viaje y la experiencia de mi vida, sin embargo, estaba lejos de eso.

Estaba tan hinchada que aún recuerdo el dolor de mi entrepierna al frotarse una con la otra, el roce era tan fuerte que estaban moreteadas *—sólo a mí se me ocurrió usar falda para ese evento elegante—* y, finalmente, fuertes sentimientos emocionales parecidos a la depresión se desarrollaron a lo largo del día. No me quedaba la ropa, me dolía todo el cuerpo, sentía hormigueo desde el dedo del pie derecho hasta el lado derecho de mi cara. Mi estómago estaba peor que nunca, el reflujo y la acidez me quemaban el esófago y había estado estreñida durante días. Sólo estaba pensando cómo diablos le haría para ir a todos los eventos ese día.

Me estresaba demasiado porque quería poner mi sonrisa más grande al estar presente y simplemente disfrutar de este maravilloso día con mi hermano; pero mis sentimientos, el dolor, la incomodidad y el miedo eran demasiado profundos. Sentía soledad, tristeza y la aterradora incertidumbre una vez más.

Después de la ceremonia, tuvimos un par de horas libres antes de la cena, así que fuimos al hotel para un retoque. Decidí usar pantalones, mi entrepierna me dolía mucho. Mis bras tampoco me quedaban bien, me apretaban el pecho con fuerza y no podía respirar, de alguna manera, en cinco días mis senos habían aumentado a talla extra grande y estaban tan sensibles que ni siquiera podía soportar el contacto de mi sostén contra mi pezón *—sé que es demasiada información, pero sólo así tendrás una idea del dolor.*

Mientras estaba en el baño cambiándome, me miré en el espejo y el miedo me golpeó con fuerza, mi gesto me aterrorizó, no me reconocí, vi algo espantoso en mí. La montaña de sentimientos me inundó, **tenía veintisiete años en ese momento.** Me sentí perdida en todos los sentidos, especialmente de manera física y emocional.

ESA MUJER NO ERA YO.

¿Qué me está pasando? Me estoy perdiendo poco a poco, ya no me reconozco. Estoy cansada de esto. Estoy agotada, necesito una respuesta, Dios, por favor.

Recuerdo que me desperté todos los días durante varios años sintiéndome completamente deprimida y nada podía solucionarlo. Tenía grandes cambios de humor constantemente y, cada vez que me miraba en un espejo, lo notaba en mis ojos. Veía mi vida, mi chispa y mi color desapareciendo lentamente; sentía pura tristeza y dolor.

ELLA NO DEMOSTRABA QUE TENÍA MIEDO
PERO ESTAR Y SENTIRSE SOLA
FUE DEMASIADO PARA ENFRENTARLO
AUNQUE TODOS DIJERON QUE ERA TAN FUERTE,

LO QUE NO SABÍAN ES QUE
ELLA YA NO PODÍA CONTINUAR.

—SHAWN MENDES ("A Little Too Much")

Si me conoces, sabes cuánto amo la comida, disfruto mucho de las excelentes cenas, especialmente con mi familia y si es en uno de los mejores restaurantes de carnes, no hay forma de que cancele. Pero en ese momento estaba tan lejos de mí, de mi vida y de la felicidad que apenas probé la cena. Mi estómago estaba destrozado y emocionalmente era un desastre, quería llorar todo el tiempo; ni siquiera estaba presente. Todo lo que recuerdo eran mis pensamientos:

¿Cuándo terminará esto? No puedo soportar verme así, además, ya no quiero ser una carga para mi familia. He tenido suficiente, ni siquiera puedo beber o desvelarme porque mi cuerpo no funciona... Aparte, me veo y me siento horrible.

Después de la cena fuimos a un bar —*donde sólo tomé una copa tristemente*— y después fuimos al apartamento de uno de los graduados. Allí hice todo lo posible para pasar el rato, olvidarme de todo y disfrutar de la fiesta... Simplemente no pude, en el exterior sonreía fingiendo divertirme, pero por dentro estaba harta, agotada, exasperada por encontrar una respuesta y lista para ir a acostarme.

Nuestro último día en Boston fue un infierno para mí; este día fuimos de compras ya que todos querían ir desde el momento en el que llegamos a la ciudad. Se suponía que debía estar emocionada, ¿verdad? —*¡¡¡Compras!!!*— Créeme, no lo estaba.

De todos modos, nada me quedaba, así que lo único que quería era volver a casa, llorar y morir. Cuando caminábamos hacia el centro comercial comencé a tener una ansiedad extrema, me sentí débil y sentí una vez más que me desmayaba. Todo mi cuerpo me dolía por la extrema retención de líquidos y también sentía resaca a pesar de que sólo bebí un vodka con agua mineral.

—Me voy a regresar al hotel —le dije a mi familia.

—¡Marcela, no chingues! Acabamos de llegar, no seas floja, podemos irnos más tarde. Aprovecha el centro comercial y compra algo —dijo mi papá.

¿¡Floja!? ¿¡En serio!? ¡¿Cuándo van a comprender o al menos a respetar cómo me siento?!... ¿Qué estoy diciendo?, nunca lo harán.

—No me siento bien —insistí, pero antes de que mi papá me repitiera "*¿otra vez?*" dije: "Sí, otra vez, nos vemos más tarde."

Pasé todo el día encerrada en mi habitación del hotel, hablando constantemente con mi ginecóloga, así como con Betty. Estuve tomando té verde para intentar deshacerme del exceso de agua en mi cuerpo, con las piernas sobre la cabecera de mi cama, llorando angustiada.

Entonces mi doctora me envió un mensaje de texto que decía: "Marcela, tu cuerpo está rechazando las pastillas que te di, te dije que eran muy fuertes. Debes dejarlas, aunque tu período volverá, sin duda. Me avisas qué decides hacer".

Tenía miedo de sangrar mientras estaba en Boston, o peor aún, mientras estaba en el avión, así que **decidí tener las agallas, la paciencia y la fuerza durante dos días más.** Todavía recuerdo lo que me dijo mi mamá en el aeropuerto el día que volamos de regreso a casa:

—¡Dios mío, Marcela, algo no está bien! ¡Mira tus tobillos! Nunca los había visto tan hinchados, ¿has hablado con alguien?

—Lo sé —fue todo lo que pudo salir de mi boca.

¿Es en serio? Después de todo lo que les he dicho... Obviamente, los puedo ver. Sé que me veo horrible y gorda, por supuesto que sé que no es normal, ¡no hay necesidad de recordármelo!

Mientras escribo estas líneas y recuerdo cada sentimiento tan vívidamente, puedo sentir mi cuerpo y mis manos temblar. Eran tiempos demasiado oscuros, momentos en los que no sabía lo que me estaba pasando y todavía no había escuchado un veredicto real. Necesitaba encontrar la razón detrás de todo esto. Necesitaba encontrar dónde estaba la raíz de mi enfermedad.

Estos son los síntomas con los que viví mi día a día, incrementando con el tiempo, durante al menos ocho años:

Físicos: Acidez. Acné cístico hormonal en cara, pecho, hombros y espalda. Aftas bucales. Agotamiento energético crónico. Agotamiento físico severo crónico. Arritmia. Aumento de peso. Bochornos. Cabello seco, sin brillo, puntas abiertas. Caída de cabello. Contracturas musculares extremas. Crecimiento de vello facial. Crecimiento extremo de canas. Cuero cabelludo graso. Desequilibrio extremo en período menstrual. Dolores de cabeza, dolores en articulaciones. Dolor ovárico. Escasez de aliento. Estreñimiento. Fatiga renal crónica. Grasa extra en área abdominal. Hormigueo en lado derecho del cuerpo, desde la punta del pie hasta la coronilla. Indigestión severa. Insomnio severo. Latidos cardíacos palpitantes. Manos arrugadas. Manos temblorosas. Mareos, náusea y debilidad. Niveles glucémicos elevados. Pérdida de aliento o falta de aire. Pérdida de calidad de vista en ojo derecho. Pérdida continua de audición en oído derecho. Uñas rotas y débiles sin crecimiento. Resequedad de ojos y fosas nasales. Resfriados continuos. Reflujo silencioso. Retención extrema de líquidos. Sangrado excesivo. Senos extremadamente resecos y sensibles. Sensación de desmayo continua. Sensibilidades alimentarias, psoriasis. Taquicardia. Temblores internos y externos. Tono amarillento en la piel. Vértigo constante. Zumbido incesante, más en mi oído derecho.

Emocionales: Angustia. Ataques de pánico y ataques de ansiedad. Cambios de humor extremos. Estallidos repentinos de llanto. Estancamiento en todos los ámbitos e incertidumbre. Incremento en los niveles de estrés. Miedo, confusión y soledad.

Mentales: Ansiedad. Atención dispersa. Baja autoestima. Depresión severa. Mente nublada. Falta de reconocimiento. Memoria olvidadiza. Pensamientos oscuros.

Puedo asegurar que justo cuando dejé de tomar las pastillas anticonceptivas, mi período regresó; esta vez dispuesto a matarme. Nunca había visto tanta sangre y coágulos en mi vida, era horrible. Después de una semana de sangrado abundante, recuerdo que me desperté de mi cama una mañana y dejé un camino de sangre en el piso; cuando me vi en el espejo, estaba tan pálida como un fantasma. Estaba tan débil y mareada que realmente pensé que éste era el momento; pensé que iba a morir.

Contacté a Arny y lo mantuve informado, quería que me viera para un chequeo. Me recetó hierro y me hizo una cita un viernes en la Ciudad de México. Recuerdo ese día vívidamente porque había arreglado todo para ver a mi mejor amiga Florencia, que vive allí y a quien no veía tan seguido —*la conocí en Overbrook Academy cuando tenía trece años.*

Había reservado mi vuelo, tenía todo listo. El jueves mientras visitaba a Betty, la homeópata, me dijo:

—Marcela, no estás bien, no puedes viajar a la Ciudad de México. Has perdido tanta sangre, estás tan débil y tus sistemas están tan descompensados, que te puedes desmayar en ese avión. La altura de la Ciudad de México tampoco ayudará, tu cuerpo no lo soportará. ¡Cancélalo de inmediato!

Después de estas palabras, **todo mi sistema de creencias se sacudió.** Me di cuenta de que esto todavía no era una broma, podía morir y todavía no estaba bien. Lo único que sabía con certeza era que necesitaba descansar. Entonces, cancelé tanto mi vuelo como mi cita ese mismo día.

LA BUENA MADERA NO CRECE CON FACILIDAD.
CUANTO MÁS FUERTE ES EL VIENTO,
MÁS FUERTES SON LOS ÁRBOLES.

—THOMAS MOORE

Esa misma semana visité a Karla. Me vio tan desordenada, confundida y con tanto miedo que sólo dijo estas palabras que nunca olvidaré:

—Marcela, te estás tratando a través de tantos de nosotros con diferentes métodos, que todo tu ser está a punto de explotar. Te sugiero que elijas sólo a uno de nosotros y te concentres en él. No puedes fusionar la homeopatía con la terapia energética, con terapia magnética, con suplementos y con mi terapia, es demasiado para ti en este momento. Elige uno, por tu propia salud y apégate a ese.

—Pero esto es lo que apenas me está manteniendo con vida, ¿hablas en serio?

—Sólo escúchame y hazlo. No pienses en nosotros, vamos a estar bien. ¿Qué quieres? ¿Con quién quieres trabajar? Ponte a ti primero.

Aunque estuve tentada de mantener a Betty en mi vida, me quedé con Arny. Al final del día, él era el único que me había dado una imagen más clara de mi vida y mi desorden. Esta es una decisión de la que no me arrepiento en absoluto, estoy feliz de haber escuchado mi voz interior ese día.

Esperé algunas semanas para sentirme un poco mejor y volver con Arny para mi revisión. Justo cuando aterricé en Ciudad de México, me empezó a doler la cabeza, me faltaba el aire y me sentía mareada y débil. A estas alturas ya sabía lo que significaban estos síntomas y simplemente agregaron más verdad a la razón por la que tuve que cancelar unas semanas antes.

—Arny, necesito estar bien. Todos los años hay un gran viaje familiar planeado por la compañía donde trabaja mi papá; la convención anual que suele ocurrir durante el verano. Esta vez es a finales de julio y necesito viajar. ¿Podré hacerlo? —pregunté.

Éste es el viaje que todos esperamos con entusiasmo durante todo el año. Suele ser un viaje increíble de una semana a algún país extranjero como Alemania, Grecia, Canadá, Rusia, España... Esta vez era un crucero por el Mar Adriático *—Italia, Montenegro, Croacia—*. ¡No podía perdérmelo! Aunque en algún momento pensé que no podía, sabía que daría todo de mí y haría todo lo que necesitaba hacer para mantenerme positiva por encima de todo.

Un dato curioso sobre estas convenciones anuales: B —*la bruja*— siempre estaba ahí, mirándolo todo, tomando notas.

—Parece que sí podrás viajar. Si hubiera sido un mes antes, no habrías podido en absoluto, pero lo harás. Sólo necesitas seguir mis instrucciones cuidadosamente, ¿de acuerdo? —dijo Arny.

Nunca en mi vida había necesitado viajar con tantas pastillas y suplementos: electrolitos, maca, algunos para el equilibrio hormonal, omeprazol, Glucerna —*una bebida complementaria para diabéticos*— ya que era pre-diabética y no podían pasar más de dos horas sin tener alimento en el estómago. Necesitaba evitar el gluten —*adiós a las pastas deliciosas*—, los lácteos —*adiós, suculentos gelatos italianos*—, cualquier vino o alcohol, y sobre todo las carnes rojas; pero era lo que necesitaba hacer para disfrutar de mi viaje.

—Sé que es Italia, la tierra de la pasta y los gelatos, así que sólo puedes disfrutar *un* día, *un* plato de pasta y *un* día *un* poco de helado. Intenta evitarlo durante todo el viaje. Sigue las reglas y estarás bien, confía en mí —insistió Arny.

¡Uff! Ok, disfrutaré inmensamente ese plato.

Debes saber que mi viaje de verano por Europa en 2015 fue la primera vez en *muuucho* tiempo que me sentí bien —*no increíble*—, pero lo suficientemente bien como para disfrutar la mayor parte. Estaba más gorda e hinchada que nunca, pero no me importó porque **era la primera vez en años que sentía que mi vida tenía un poco más de calidad;** incluso emocional y mentalmente estaba más estable.

Fue increíble disfrutar ese viaje de verano a pesar de que no podía tomar ni comer muchas cosas. Recuerdo el día que comí mi único helado. Mientras lo disfrutaba, sentí un calambre repentino y rápido, pero muy doloroso en mi estómago; tan fuerte que no lo terminé. Mis periodos aún eran un desastre, pero no sangraba como antes. Estaba pesada y retenía líquidos como nunca y mi ropa no me quedaba. Me cansaba mucho durante el día, tenía bochornos en todo momento, sentía el hormigueo en el lado derecho de mi cuerpo... Y así sucesivamente, pero por primera vez, estaba tranquila. Tenía paz mental, algo que no tuve durante años.

¿Serían estos los primeros indicios de que volvía a recuperar la salud después de tanto tiempo? Después de todo, **desde el 2010 mi salud había empeorado lenta y constantemente**. De junio a septiembre logré tener una calidad de vida que no tuve durante meses, si no es que en años, pero los síntomas empezaron a reaparecer una vez más.

En septiembre del 2015 mis amigas y yo viajamos a San Francisco para una despedida de soltera. Si soy honesta, por mucho que quería ir y divertirme con ellas, deseaba no tener que hacerlo. No podía beber, no podía salir de fiesta y desvelarme, mis emociones cambiaban constantemente y mis niveles de energía eran muy bajos.

La pasamos genial conduciendo por la ciudad en Segways *—los transportadores de autoequilibrio de dos ruedas—* cuando nos dimos cuenta de que se hacía tarde para la reservación de la comida, tuvimos que correr en una calle empinada y fue exactamente allí, cuando mi corazón comenzó a palpitar con fuerza; me di cuenta de lo mala que estaba mi condición. Me detuve y caminé a pesar de que seguían gritando: "¡Vamos, acelera el paso! Es sólo una colina, ¡vamos tarde!" En ese momento los sentimientos se hundieron tan profundamente en mí que no me importó y seguí caminando despacio. Durante el resto del día, mi energía se había consumido; estaba agotada y además, muy estreñida.

Al día siguiente fuimos en coche a Napa para visitar varios viñedos. Después de un día tan ajetreado, cocinamos la cena en la casa que rentamos, y tuve que irme a la cama tan pronto como terminé mientras ellas se quedaban despiertas charlando durante horas; mi cuerpo no pudo soportarlo más.

Sin embargo, ¿quieres saber cuál fue la peor parte?

No era el itinerario tan ajetreado. No era el dolor ni la incomodidad que sentí durante el viaje. **La peor parte fue pretender estar allí, presente,** sonriendo y bromeando, mientras realmente me sentía devastada y como si me desmayara en cualquier momento.

Nunca dije nada, no quería que nadie sintiera lástima por mí, pero principalmente, no quería ser una carga y ser una aguafiestas. Me sentía tan perdida y el nivel de dolor e incertidumbre era tan profundo que seguía escondiéndome y fingiendo; **no quería que la gente viera mis lágrimas, mi dolor y mi lado débil.**

PRETENDÍA SER FUERTE CUANDO MI CUERPO NO PODÍA MÁS, SONREÍR CUANDO TODO LO QUE PODÍA HACER ERA LLORAR, ESTAR ERGUIDA CUANDO ME SENTÍA DÉBIL E INESTABLE, Y ESTAR PRESENTE CUANDO MI MENTE ESTABA PERDIDA Y FUERA DE LUGAR.

NUESTRA FE SE CONSTRUYE EN LA OSCURIDAD, EN LOS VALLES, Y DURANTE LAS BATALLAS *MÁS DIFÍCILES* DE LA VIDA.

—DANA ARCURI

ALGO NO ESTÁ BIEN

Del 2014 al 2016 sentí como si mi vida pendiera de un hilo o como si caminara sobre la cuerda floja. Muchas, si no es que todas las bodas de mis amigos ocurrieron durante estos años *—ahora que lo pienso, el tiempo claramente no estaba de mi lado—*, realmente no disfruté de las fiestas. Aparte eran esas bodas a las que tenía que asistir o de lo contrario habría problemas, pasaba mis noches apartada de todos luchando contra mis propios demonios.

Había perdido todo sentido de quién era y todo el control de mi vida. Toda esta experiencia se estaba convirtiendo en **un camino que no tenía fin. ¿O lo tenía?**

Fue a finales del 2015 cuando decidí cambiar de ginecólogo porque mi doctora ya no podía ayudarme; no sabía qué hacer conmigo. Así que fui con el doctor John, uno de los mejores en su especialidad, desequilibrio hormonal. Decir que estaba emocionada de reunirme con él es quedarse corto. Pensé que él sería mi salvador y que me arreglaría, de nuevo necesitaba intentarlo.

Arny me había dado cierta calidad de vida, pero todavía no estaba bien. La montaña de síntomas aún me perseguía. **La única diferencia era que había aprendido a vivir con ellos**; parecían mi nueva normalidad en este momento. Necesitaba que alguien me curara para siempre, aunque no sabía exactamente lo que tenía ya que nadie me había dado un nombre para esta enfermedad.

Cuando llegué a la clínica tenía conmigo una carpeta enorme; una carpeta que contenía cada análisis de sangre y estudio clínico, y un calendario que había creado donde marqué cada síntoma, cada pastilla que tomé… ¡*Todo!*

—¡Wow, realmente hiciste tu tarea! —dijo el doctor John bromeando.

—Sé que no estoy bien y necesito que me arregles. Sólo quiero volver a sentirme bien —respondí.

Sus ojos se agrandaron en estado de shock mientras leía y revisaba cada papel en esa carpeta.

—Marce, ¿quién diablos te arruinó tanto? Echaron a perder tu cuerpo y tu sistema hormonal pésimo.

—Dímelo a mí.

Mientras me hacía un eco para revisar mis ovarios, dijo abruptamente.

—Marcela, no estás ovulando, no podrás tener hijos, ¿lo sabías?

—Créeme que eso es lo que menos me importa en este momento. Necesito recuperar mi vida, y luego, me preocuparé por eso, pero no ahora por favor —le respondí mientras suspiré abrumada.

Parecía como si el doctor no tuviera empatía ni compasión en absoluto. Tenía esta forma de hablar demasiado fría, directa e inhumana.

—Esto es lo que haremos, a partir de ahora no podrás tomar una pastilla anticonceptiva más. No más hormonas para ti, has terminado con ellas. Voy a recetarte metformina que generalmente es para diabéticos, pero también funciona de maravilla al controlar los niveles de insulina y glucosa a través de los ovarios y, de ahora en adelante, equilibrará tus hormonas; especialmente ese nivel de cortisol que está tan elevado. Empezaremos con media pastilla y partiremos de ahí para ver cuál es la dosis adecuada para ti.

Este tratamiento suena muy familiar...

—¿Estás completamente seguro? Dejé de tomar medicamentos porque el tratamiento anterior dañó mucho mis órganos.

—100%. Esto seguramente funcionará de maravilla.

Sonaba tan confiado que le creí. Comencé el tratamiento a finales de diciembre del 2015. Las primeras semanas no fueron nada agradables, tenía muchas náuseas. Me di cuenta de que la metformina no se combina bien con los carbohidratos y los azúcares, y aunque no comía mucho de eso, tuve que eliminarlo casi todo de mi dieta; sin embargo, mi peso estaba aumentando, no podía perder un kilo, era de no creerlo.

Sin duda tuve una calidad de vida mucho mejor después de esto. De enero a abril de 2016 funcionó de maravilla. Algunos síntomas estaban desvaneciéndose, pero otros no desaparecían, por ejemplo, mi piel todavía estaba amarillenta, pero me sentía bien. Parecía como si de repente esa parte hormonal estuviera en pausa, sin darme mucho problema, más que el hecho de que los períodos eran inconsistentes y que para abril necesitaba tomarme *dos pastillas* diarias de metformina.

A estas alturas ya sabes cuánto amo los deportes y las actividades al aire libre. Durante el año 2015 tuve que dejar de hacer ejercicio por completo. En febrero de 2016, mi hermana insistió en que tomáramos clases de tenis, y, bueno, de hecho me estaba sintiendo mejor. Necesitaba aire fresco. Las ansias por dejar mis cuatro paredes eran muy grandes; sólo quería intentar y ver si podía hacerlo ahora.

En cuanto comencé a jugar tenis, me di cuenta de cuánto lo necesitaba. El sólo hecho de estar afuera moviéndome de nuevo, usando mi mente y distrayéndome de mis demonios, era una sensación increíble. Sentí cómo fluía mi adrenalina y energía durante cada sesión. Casi nunca me perdía la clase semanal a menos que me sintiera mal.

En marzo, una semana antes de mi cumpleaños número veintiocho, estaba en una sesión de tenis. La estaba tomando con calma, pero soy de esas personas que lo dan todo cuando están en el juego *—no por la competencia, pero siempre quiero dar mi mejor desempeño—* y entonces de la nada, inexplicablemente, mientras movía mis pies para alcanzar la pelota, sentí un empujón repentino, salvaje, como si una energía hubiera explotado y la detonación me arrojó. Volé hacia arriba y cuando estaba a punto de caer de cara al suelo, puse mis manos primero y golpeé el suelo con tanta fuerza que sentí un jalón atroz en todo el lado derecho de mi cuello desde abajo de mi oreja hasta la parte donde el hombro se encuentra con la clavícula. Todos se quedaron atónitos, lo vi y lo sentí todo en cámara lenta. Estaba abrumada y no entendía lo que acababa de suceder.

¿Qué demonios fue eso? ¿Sigo viva? ¿Se me dislocó el hombro? Woah, ¡eso estuvo rarísimo!

... Estoy bien.

Me puse de pie, estaba bien, excepto por el hecho de que mi brazo izquierdo recibió el golpe y mi pulgar izquierdo estaba fisurado. En mi lado derecho del cuerpo, el golpe dañó mi brazo, desde mi codo hasta mi cuello justo debajo de mi oreja. Además, mi clavícula, el hombro y la escápula también resultaron gravemente heridos *—no sé cómo, hasta el día de hoy, mi hombro no se dislocó.*

Aquí hay otro dato curioso sobre esta caída: había estado yendo a fisioterapia todo el mes porque todavía tenía dolores de cuello por todos mis accidentes anteriores, así que sólo puedes imaginar las reacciones de los médicos cuando llegué a la clínica al día siguiente.

—Ay no, Marce, ¿cómo sucedió? Eso es verdaderamente tener mala suerte, ¡qué salada estás! —dijo uno de ellos.

—¿Sí, verdad? Parece broma —respondí.

No tenían idea del infierno por el que estaba pasando en ese momento y no pudieron ayudarme mucho porque, aparentemente, las contracturas y el daño estaban tan profundo en los músculos que no podían alcanzarlos y sanarlos correctamente.

AHORA, ¿ME CREES CUANDO DIGO QUE SIEMPRE QUE INTENTABA SANARME, VENÍA ALGÚN TIPO DE FUERZA E INTERVENÍA?

Escribo estas líneas el 19 de octubre del 2020 y, hasta hoy, todavía estoy tratando de aliviar los dolores y molestias que se instalaron en mí desde esa caída. Me dio tantos problemas, que en un momento tuve un vértigo severo hasta que encontré un gran quiropráctico —*después de visitar a muchos*— y una fisioterapeuta que finalmente me ayudó.

Mayo de 2016 era la fecha del próximo viaje anual a la convención, esta vez era a Buenos Aires, Argentina. Estaba muy emocionada porque nunca había estado allí antes. Mi familia y yo tomamos un vuelo directamente a Bariloche aprovechando la ubicación, ya que estábamos viajando hacia el sur de todos modos. ¡Qué lugar! El lago, el hotel increíblemente acogedor, pero elegante; las montañas de los Andes que lo rodean, todo era perfecto y hacía un frío invernal con ese tipo de brisa fría de la que puedes disfrutar la frescura. Fue mágico.

Como mencioné, tuve que eliminar el gluten, las carnes rojas y el vino tinto de mi dieta además de otros alimentos porque mi sistema tenía algún tipo de sensibilidad a ellos. ¿Adivina cuál es la comida principal de Argentina? Carnes rojas y vinos. Me encanta una buena carne con mi copa de vino. Estaba en el lugar indicado para disfrutarlo, así que pensé:

Ok, las pastillas de metformina han estado funcionando hasta ahora, no he tenido ninguna recaída grave desde enero, aparte del hecho de que mi cuerpo había estado pidiendo más dosis o de lo contrario los síntomas volverían, creo que puedo disfrutar una cena con carne y sólo una copa de vino tinto, lo tomaré con calma y lo intentaré.

Así lo hice, y estuvo tan buena que ni siquiera me arrepiento.

Al tercer día volamos a Buenos Aires, donde se estaba llevando a cabo la convención, y justo cuando llegué allí, noté acné en mi cara, comenzaba a retener líquidos y mi ropa no me quedaba bien... ¡Otra vez!

Cuando fui a saludar a todos en el cóctel de bienvenida, me sentí muy insegura, mantuve la cabeza hacia abajo todo el tiempo; me sentía gorda y esa no era yo. Mi piel no estaba bien, me sentía exhausta y deprimida.

Después del evento, algunos de los invitados salieron de fiesta, incluida mi hermana. En cuanto a mí, sentí una repentina y pesada sensación de incertidumbre y miedo otra vez. Una vez más esa bruma asfixiante y oscura me comenzó a envolver. Sentía una presencia de algo que me hostigaba. Me sentía tan triste y sola. **Los sentimientos que habían desaparecido durante meses y que pensaba que se habían ido para siempre, volvieron**. Me asusté tanto, que comencé a llorar de desesperación y miedo.

No, otra vez no, Dios. ¿Es en serio? ¿Cuándo diablos voy a estar bien? ¿Qué me está sucediendo? Pensé que esto había terminado.

El resto de mi estadía en Buenos Aires fue un infierno. Mi piel estaba peor que nunca, me escondía de la gente; de mis amigos a quienes sólo veía una vez al año y con quienes me encantaba pasar el rato. Es decir, ¿qué pensarían de verme así? Estaba tan diferente, tan distante y fría.

Emocionalmente, esta fue la peor recaída que tuve. Fue la tercera vez que pensé en ideas de cómo terminar con mi vida. Simplemente no podía soportar más el dolor, la soledad, la incertidumbre y el miedo. En este punto mi insomnio estaba peor que nunca, a veces me daban dolores corporales por las noches y, como mencioné, sentía una presencia que me perseguía las 24/7, principalmente por las noches.

Todavía recuerdo mi vuelo de nueve horas —*fue horrible*— no sólo sangraba exageradamente a causa de mis períodos desequilibrados, sino que estaba hinchada y mi piel estaba terrible. Estaba física, emocional y mentalmente agotada y me veía espantosa.

ME SENTÍA IRREPARABLE, TAN PEQUEÑA Y FRÁGIL, Y TAN INSERVIBLE QUE NO PODÍA OCULTAR MI DOLOR Y MI MISERIA POR MÁS TIEMPO. ME SENTÍA DERROTADA.

Ya puedo adivinar lo que piensas: "¿Por qué derrotada March?, viajabas mucho a los mejores lugares del mundo y, ¿no se supone que el nuevo tratamiento te devolvía tu calidad de vida?"

Así de mal estaba, presta mucha atención. Mientras estaba en Buenos Aires le envié un mensaje de texto al doctor John y me aumentó la dosis por media pastilla; así que ahora tomaba dos pastillas y media de metformina al día. Para cualquiera, esa cantidad es muy alta; no debería necesitar aumentar mi dosis. Mi cuerpo debió responder mejor a este medicamento, pero no fue así.

Apenas llegué a México, le escribí al doctor John una vez más: "Doc, algo está mal. La pastilla ya no funciona, me siento fatal y todos mis síntomas han vuelto. ¿Qué puedo hacer? ¿Puedes verme esta semana?" *(No obtuve respuesta.)*

No sabía qué hacer conmigo. No sabía cómo arreglarme, así que ni siquiera se molestó en responder. Pasaron dos semanas y después de volver a intentarlo, tampoco hubo respuesta.

Dios mío, el doctor John acaba de dejarme colgada. Soy irreparable. ¿Qué voy a hacer ahora?

Esa misma semana viajé para reunirme con Arny, necesitaba hablar con él y saber qué estaba pasando.

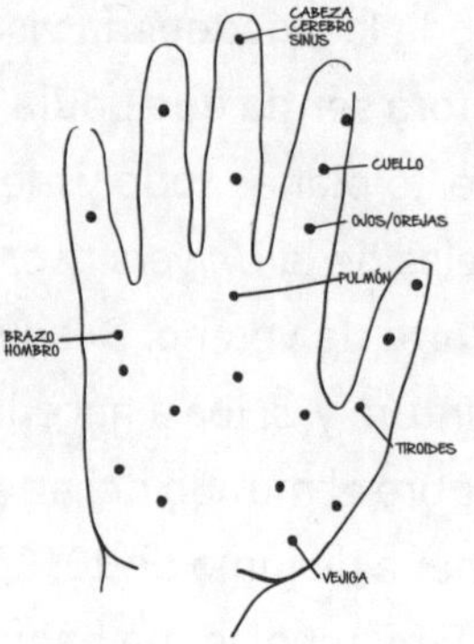

Al llegar a la consulta me pidió que colocara en una bandeja la dosis exacta de las pastillas que estaba tomando: él tiene una máquina que al escanear cierto punto de las manos, es capaz de detectar qué sistema u órgano del cuerpo está en tratamiento y comprobar si la dosis prescrita es la correcta. ¡Es como magia!

Coloqué dos pastillas y media de metformina en la charola metálica, que era mi dosis en ese momento, y luego escaneó mi mano. Vi que la línea en la gráfica iba por debajo de cincuenta; estaba desequilibrada, lo que significa que era una dosis baja para mí. Y en cuanto coloqué otra media pastilla *—lo que sumaba tres pastillas enteras—* la línea del gráfico se equilibró exactamente en cincuenta.

—Marce, lo extraño de esto es que puedo ver varias áreas de tu sistema que al parecer se han recuperado; sin embargo, tu cuerpo está pidiendo aumentar la dosis de metformina. No deberías necesitar más, ya que tomar más de tres pastillas al día es demasiado. No tiene ningún sentido.

Estaba asombrada. No sabía qué hacer con eso y déjame sumar la presión a lo que realmente estaba sucediendo en ese momento de mi vida.

De enero a mayo del 2016 había recuperado la calidad de vida, una calidad que me permitía viajar, estar de pie y disfrutar de muchos momentos. Estuve más estable que los meses anteriores y, por lo tanto, me sentía lo suficientemente segura como para planear y perseguir uno de mis sueños de toda la vida: quería visitar Londres. **El 2015 fue basura para mí, pero ahora sentía que podía hacerlo.**

A partir de mayo, lo planeé todo y me inscribí en *Central Saint Martins* y en otras escuelas de la *University of the Arts London* para tomar algunos cursos de arte de verano. Después de todo, quería recuperar mi carrera en la pintura y, si iba a hacerlo, tenía que hacerlo bien porque no sabía nada sobre el mundo del arte.

Para la primera semana de junio de 2016, a un mes de partir hacia Londres, había recaído y mi médico me había abandonado. Esperaba no tener que cancelar, en el fondo no quería, pero realmente no estaba segura de lograrlo.

TENÍA SÓLO VEINTIOCHO AÑOS Y UNA CALIDAD DE VIDA DEL 20%.

De repente me sentí como una marioneta con la que podían hacer lo que quisieran. **Simplemente no encontraba la luz al final del túnel.** Me di cuenta de que había algo más grande controlando cada uno de mis movimientos, porque no importaba cuánto me resistía o cuánto cooperaba, nada funcionaba.

Un día mi papá recibió una llamada que eventualmente cambiaría mi vida. Mi tía llamó para recomendarle a una gran doctora, ya que él había tenido algunos problemas con el hígado en el pasado. Nadie sabía que yo era la que necesitaba un médico, esto era meramente para él.

—Marcela, vamos a visitar a esta doctora. Dicen que es excelente. Tal vez te puede ayudar —me dijo mi papá.

—No, papá. Ya no quiero saber nada de doctores, estoy cansada. Nadie sabe qué hacer conmigo. He visitado a más de 20 doctores y especialistas durante más de seis años y todos me dejan "colgada". Ya estoy harta.

Y agregué en mi mente: *Tal vez sólo tengo que soltar, dejarme llevar y morir. Quizás eso es lo que Dios quiere.*

A veces, cuando encuentras obstáculos en tu camino, quieres detenerte, rendirte y tomar el camino fácil.

ESTO APRENDÍ: NO HAY CAMINO FÁCIL, PERO CON CADA PEQUEÑO PASO VIENE UNA RECOMPENSA QUE NO PUEDES VER HASTA QUE REALMENTE ESTÁS FUERA DE LA TORMENTA.

Mi voz interior era más fuerte en este punto y me obligó a agendar una cita con Rossy, la doctora recomendada. Así que lo hice, realmente sin esperar nada.

Rossy es homeópata —*gurú de la medicina alternativa, increíblemente talentosa*—, iridóloga —*especialista en leer tu ojo, específicamente el iris, y mirar tus órganos desde adentro, ¡es extraordinario cuando te das cuenta de lo bien diseñado y conectado que está el cuerpo!*— y también es alópata —*que es la medicina occidental tradicional.* Su clínica estaba ubicada en Guadalajara, aproximadamente a una hora de mi casa. El día que llegué a mi primera cita, no había nadie allí. Ella no fue ese día a trabajar y nadie nos avisó. Mi mente y mis emociones estaban enloqueciendo.

Sin embargo, **algo dentro de mí me empujaba a continuar**; realmente deseaba con el alma viajar a Londres.

LOS TIEMPOS FUERTES NUNCA DURAN,
PERO LAS *PERSONAS FUERTES* SÍ.
—ROBERT H. SCHULLER

CONFÍA Y DÉJATE LLEVAR

No sabía si lo lograría o cómo lo haría, ya que estaba a un par de semanas de irme.

Al día siguiente visité a Rossy por primera vez. Cuando me revisó los ojos con una luz brillante y una lupa enorme, vi su rostro asombrado. Yo no sabía qué estaba observando, pero lo que único que dijo fue que necesitaba que me hicieran unas pruebas de ADN y que comenzara con el tratamiento homeopático a partir de hoy.

Me dio un par de botellas de vidrio de un litro. Nunca había visto un tratamiento homeopático semejante, todo lo que conocía eran goteros pequeños que se toman cada cierta hora. Estas parecían auténticas ingestas de sólo una vez al día.

En este punto no sólo soñaba con ir a Londres, sino que necesitaba salir de mi ciudad, de mi casa y de mi habitación. Había pasado años encerrada sintiéndome terrible; quería y ansiaba aire fresco; **ansiaba una sensación de libertad.**

—Ok, Rossy, pero ¿qué viste? ¿Estoy bien? ¿Puedo viajar? Me voy a Londres exactamente en dos semanas y no quiero sentirme mal. Necesito saber que lo lograré; ha sido mi sueño durante mucho tiempo.

—Toma estos, créeme, te sentirás genial. Nada más necesito que dejes de tomar la metformina. Reduce la dosis lentamente durante esta semana hasta que dejes de tomarla por completo. También te daré un kit de viaje para Londres mientras salen los resultados de la prueba de ADN, luego te haré un tratamiento homeopático personalizado, ¿de acuerdo? —añadió Rossy.

¡¿Qué?! ¡¿Está loca?! ¿Dejar la única medicina que me ha estado sosteniendo y en la que me he apoyado estos últimos meses?

Respiré profundo y le respondí que sí… que lo haría.

Ya no tenía la energía para escuchar más explicaciones, además, necesitaba los resultados de las pruebas de ADN para estar segura de lo que había visto.

Durante la primera semana de tratamiento, hice lo que me dijo. Bajé mi dosis de metformina hasta llegar a un cuarto de pastilla y tomé su medicamento homeopático; a excepción de que no la dejé de tomar por completo después de la primera semana.

Estaba a siete días de partir hacia Londres por primera vez, tenía mis cursos, mi departamento y mi vuelo listo; pero me sentía rara. Me sentía mareada todos los días, temblaba, tenía vértigo y me faltaba el aire. La ansiedad comenzó a llenarme y le envié un mensaje de texto a Rossy diciéndole cómo me sentía, a lo que preguntó:

—¿Dejaste de tomar la metformina?

—No.

—Marce, deja de tomar esas pastillas, confía. Lo único que estás haciendo es tomar el doble de la dosis y tus niveles de insulina y glucosa están bajando demasiado, por eso te sientes así. Confía en mí, déjala por completo. Te sentirás genial y disfrutarás mucho de Londres, ¡lo prometo!

Sentí que mis sentimientos caían uno encima del otro como una montaña de pesadez que me asfixiaba. En un abrir y cerrar de ojos, comencé a llorar. ¡Un fondo más!

Éste es, Dios mío, éste es el momento en que me dejaré llevar de verdad, lo prometo. Ya no puedo seguir así. Dejaré de tomar el único medicamento que me ha funcionado, pero a partir de ahora depende de ti si me quedo y vivo, o si simplemente muero. Tú decides, ya no puedo más. A partir de hoy, estoy en tus manos. He terminado, realmente terminé. ¡Me rindo!

Mientras conducía de regreso a casa lloré incesantemente, recé con deseo y esperanza para que esto funcionara. **Estaba exhausta en todas las formas posibles.**

**ÉSTE FUE EL PRIMER MOMENTO QUE,
DE VERDAD, DESDE EL FONDO DE MI CORAZÓN
Y CON TODO MI SER, DECIDÍ CONFIAR,
DEJAR IR Y DEJARME LLEVAR.**

En cuanto aterricé en Londres, noté la primera buena señal. Por primera vez en seis años, no estaba hinchada ni me sentía cansada por el largo vuelo, incluso con la diferencia de horarios que me causaba el típico jetlag de cuando viajaba a cualquier lugar del extranjero.

¿Qué es esto?¡Wow! Así es como se siente… Así es como se siente la gente normal cuando viaja al extranjero. ¡Suspiré!

El tratamiento homeopático actúa durante las primeras semanas floreciendo y eliminando cada uno de los síntomas; y el cuerpo comienza a deshacerse de las toxinas y las enfermedades; sin embargo, nadie me explicó esto. Todo lo que sabía es que no era magia y que se necesitaba tiempo, paciencia y resiliencia, mucha resiliencia *—ahora puedo decírtelo con exactitud.*

La primera noche en Londres y después de una semana de haber iniciado el tratamiento, sentí mi cuerpo temblar internamente, como si cada célula estuviera saltando. Comencé a sentir la sensación de hormigueo en mi costado derecho. El insomnio también me golpeaba. Toda mi cara estaba cubierta de acné hormonal como nunca. Los síntomas regresaban uno tras otro. Sólo nombro algunos porque a estas alturas, estoy segura de que estás familiarizado con todos los síntomas físicos y emocionales que tuve.

Rossy me pidió que tuviera paciencia, así es como se suponía que debía funcionar. Y así trabajé con mi mente y me esforcé lo mejor que pude en ser paciente. Apenas salí del apartamento las dos primeras semanas, pero ¿cómo podía? Estos síntomas me estaban golpeando con fuerza, justo lo que temía antes de viajar. Al final de la segunda semana en Londres, como por arte de magia, los síntomas empezaron a desaparecer. ¡No lo podía creer!

Estaba en Londres, una de mis ciudades favoritas del mundo, eso era un hecho, así que disfruté cada segundo de mi estadía. Por primera vez en años, tenía la energía para salir y caminar por la ciudad todo el día; mi ropa me quedaba bien y lo más importante, no estaba aumentando de peso, incluso perdí un poquito. Estaba impactada, **comencé a darme cuenta de lo agradecida que estaba por algunas de las cosas más pequeñas.**

Fue increíble practicar yoga después de pasar años sin hacer nada, incluso fui a trotar en Hyde Park un par de veces. Estaba agradecida porque podía pintar de nuevo, estaba conociendo a nuevos compañeros y me estaba quedando mi ropa...

Recuerdo específicamente un día de viento cuando caminaba a casa desde el estudio de yoga. Mientras avanzaba por Hyde Park, miré a mi alrededor y casi no había ni un alma allí. Sólo algunas personas a lo lejos, y en lugar de irme a casa, simplemente me senté debajo de un árbol enorme. Fue uno de los momentos más serenos que he experimentado. Me senté allí, sola durante casi una hora, pensando en los episodios de mi vida, reviviéndolo todo…

Miré hacia arriba con gratitud plena por haber llegado a Londres. Agradecida por hacer realidad mi sueño, por haber encontrado a Rossy porque a sólo unas semanas de iniciar el tratamiento, noté que mi vida daba un giro para bien. Finalmente vi la luz y me invadió un profundo sentimiento de gratitud por estar afuera, respirar y sentir el aire fresco después de estar aislada durante tanto tiempo. En ese instante tuve ese enorme parque para mí, entre tantas otras cosas.

LO MÁS IMPORTANTE: ESTABA AGRADECIDA PORQUE POR PRIMERA VEZ ESTABA SOLA, PERO NO EN SOLEDAD. PORQUE EN ESTE PUNTO HABÍA APRENDIDO A VIVIR CONMIGO, CON MIS DEMONIOS Y, POCO A POCO, ESTABA EMPEZANDO A CONTROLARLOS. ME SENTÍA PLENA Y FELIZ.

No estaba acostumbrada a la tranquilidad y la felicidad. Desde que tengo memoria, especialmente desde 1996, los contratiempos y los accidentes me perseguían, así que, sí, **esta fue mi primera vez sintiendo serenidad pura.**

Pasé todo mi verano en Londres y disfruté de cada segundo. Por supuesto tuve mis altibajos, incluido otro episodio en el que casi me desmayo, como los que ocurrían todos los veranos y días en que tenía una recaída, pero esto no me detuvo; esta vez supe que tenía que descansar y seguir adelante. Durante mucho tiempo no me sentía yo, y al mismo tiempo, me sentía como si estuviera escondida pretendiendo ser yo, cuando en realidad, todo sobre mí estaba hecho pedazos.

Mi verdadera esencia siempre estuvo en mí, así que no importaba lo que sucediera o lo terrible que fuera mi vida; necesitaba cavar en lo más profundo para volver a esa esencia que me hizo seguir adelante.

Regresé a Guadalajara y visité a Rossy inmediatamente para recibir mi nuevo tratamiento. Ella ya tenía el resultado de la prueba de ADN.

—Los resultados están limpios. Te voy a dar este nuevo tratamiento para cambiar y regenerar tus patrones de ADN. Tienes un desequilibrio hormonal severo y otras descompensaciones en sus sistemas, pero esto ayudará a equilibrarlo todo.

Simplemente tomé mi tratamiento y seguí las instrucciones sin hacer preguntas. La visitaba cada mes para hacer mi chequeo y recibir la nueva dosis —*al año siguiente me contó lo que había visto el día en que me vio por primera vez, pero hablaré de eso en un momento.*

Durante octubre y noviembre de 2016, todavía tenía ciertos problemas como contracturas musculares crónicas y vértigo, además, mi agotamiento físico y energético aumentaba diariamente. Clínicamente estaba mucho mejor, pero aún tomaba el tratamiento de Rossy y de vez en cuando visitaba a Arny para hacerme un chequeo completo.

A MEDIDA QUE PASARON LOS MESES, ESTABA CONSIGUIENDO LENTAMENTE RECUPERAR MI VIDA, PERO HABÍA CIERTAS COSAS QUE NO ME CUADRABAN.

Mi suerte no había cambiado ni un poquito. Seguía teniendo contratiempos, mi insomnio aumentaba, los hombres no se atrevían a acercarse a mí. De hecho, se decían cosas tan maravillosas sobre mí que no tenía sentido. La gente me estaba colocando en un pedestal, lo que hacía que pareciera alguien inalcanzable. En cuanto a mi carrera, simplemente no podía hacer que nada funcionara. No sabía lo que estaba pasando, pero estaba segura de que no me merecía nada de esto.

Un día, unos amigos empezaron a hablar de una santera y adivina llamada Celia, y dijeron que era impresionantemente sabia. Me había olvidado de ese tema, pero como aún me sentía tan atrapada en mi vida y **mi voz interior me empujaba a cavar en lo más profundo de mi ser hasta encontrar la raíz del problema**, decidí visitarla.

Además, este tipo de personas simplemente aparecían en mi vida, de la nada.

EL VERDADERO *AUTODESCUBRIMIENTO* COMIENZA CUANDO TERMINA TU ZONA DE CONFORT.

—ADAM BRAUN

Por favor, ten paciencia conmigo. Esta historia está a punto de volverse muy retorcida a partir de este momento. ¿Estás listo?

LA FEA VERDAD

Mientras estaba en la casa de Celia, me preguntó mi fecha de nacimiento e hizo algunas cosas extravagantes con conchas y accesorios tribales. Yo estaba asustada y nerviosa, pero emocionada e impaciente por escuchar lo que ella tenía que decir. Celia era una señora mayor, tan bajita que estaba a la altura de mi pecho —*mido 170 cm*— de cabello muy corto completamente cubierto de canas blancas, y con la voz más profunda que he escuchado en una mujer; fue toda una experiencia.

—Con tu numerología, veo que has estado en un bloqueo emocional extremo y un severo estancamiento que ha causado muchos estragos en tu vida —dijo Celia.

—¿Cómo? Todos mis sufrimientos provienen de mi numerología, o sea, ¿ha estado escrito todo este tiempo? —pregunté confundida.

—No. Alguien está causando todo esto, alguien te maldijo y lo hizo con mucha fuerza.

Me quedé sin palabras, pues había escuchado algo como esto hacía mucho tiempo.

—¿Sabes quién es? —pregunté.

—Cariño, esto no es broma. Es algo muy malo y peligroso, nunca había visto tanto odio por alguien. La brujería que ella utilizó proviene de África, específicamente del Congo; es una de las más fuertes que existen.

—¿Ella? —pregunté mientras escuchaba con atención y en total shock todo lo que decía. **Todo esto poco a poco cobraba sentido.**

—Ella es alguien de tu familia. Por lo general es un familiar porque son quienes conocen tus movimientos y tu estilo de vida. Una de tus tías, está casada con el hermano de tu padre. Es tu tía... ¡Tu tía Lora!

Me quedé paralizada mientras escuchaba. Celia continuó:

—Escucha, te hizo esto desde que eras muy pequeña, el mal está en ti desde niña, sin duda has pasado por mil cosas horribles e inexplicables. Básicamente tu tía no podía manejar tu brillo contra el de ella ni contra el de sus hijos, especialmente el de su hija, que tiene exactamente tu edad. Ella te impidió alcanzar cualquier tipo de éxito, lo que provocó una crisis emocional que te enfermó gravemente. En el amor, bueno, hija, te hizo inalcanzable. Imagínate la manzana más brillante y más madura colgando de la copa del árbol más alto; una manzana que muchos quieren, pero que no pueden tener y nunca alcanzarán, ¿entiendes?

¡Esa bruja! No me extraña por qué a nadie le cae bien, y todos siempre le dan la espalda. Esto está empezando a tener mucho sentido.

—Mira, también puedo ver que Dios ha elegido a un hombre específico para ti como recompensa por el infierno por el que has pasado; esto es maravilloso. No es mexicano y lo conocerás muy pronto durante el primer semestre del 2017. Si no me equivoco, creo que será en marzo, pero sólo si esta maldición se quita por completo —añadió Celia.

Por cierto, las palabras *maldición* y *brujería* son difíciles de escribir para mí. Es tan irreal todo esto; son palabras que, hasta ese día, sólo escuchaba en cuentos de hadas y películas.

Estaba experimentando una mezcla de sentimientos que iban desde la rabia por descubrir que mi dolor, mis percances y mi enfermedad tenían un nombre; hasta la alegría por encontrar la raíz de mis problemas.

Fue increíblemente difícil darle sentido a todo. No estaba segura de que debía creer lo que estaba escuchando, pero todo tenía mucho sentido. Esto era tan extraño y tan irreal.

EN UN INSTANTE, SENTÍ TODO MI SISTEMA DE CREENCIAS EXPLOTAR, ROMPERSE Y REGENERARSE, TODO AL MISMO TIEMPO.

¿Cómo sabía Celia siquiera el nombre de mi tía? ¿Cómo sabía ella todo por lo que estaba pasando?

TODAS LAS VERDADES SON FÁCILES DE ENTENDER CUANDO SE DESCUBREN; EL PUNTO ES *DESCUBRIRLAS.*

—GALILEO GALILEI

"Reza y encomiéndate a San Antonio, reza la novena a San José o toca los pies de la Virgen y pasa debajo de un arco..."

Cualquiera que fuera el presagio para "la buena suerte" o para "encontrar el amor", lo intenté y lo hice. Incluso entré a la iglesia hincada hasta el altar *—ok, esto es broma—,* pero visité la iglesia durante diez días seguidos. Todos los días a la misma hora para hacer una oración específica. Recé con completa fe y de todo corazón y nunca apareció nada; nunca pasó nada. Tenía la mentalidad correcta, lo escribía en páginas tratando de decretar como todos sugerían. Creé collages con todo lo que soñaba como lo hacían mis amigos, y mientras sus deseos se cumplían, los míos nunca se cumplieron. **¡Nunca!**

No se trataba de que algo estuviera mal conmigo, no era la mentalidad ni mi forma de visualizar mis metas o de tener la suficiente fe y convicción. ¡Había algo más!, una fea verdad que acababa de ser revelada ¡y qué regalo fue para mí descubrirla! Estaba enojada y en parte traumatizada, pero honestamente, me sentía increíblemente feliz y encontré una sensación de paz interior al conocer lo que había detrás de mi vida.

Así que había sido presa de la magia negra, ¿puedes creerlo? ¡Me habían embrujado! Por eso nadie atinaba a saber por qué estaba hecha pedazos física y emocionalmente.

Crecí pensando y creyendo que yo era la persona más desafortunada del mundo, que tenía problemas, que había algo malo en mí, al ser la única persona de mi familia que constantemente estaba enferma. Creí que era el patito feo en lo que a mí respecta, porque *nadie* me quería, nadie me buscaba y nadie me invitaba a salir. Este día tuve la certeza de que había una razón detrás de todo mi sistema de creencias falsas, mi voz interior siempre tuvo razón.

No tenía idea de que mi vida entera cambiaría de todas las formas posibles a partir de ese día, después de descubrir un mundo que nunca supe que existía. **Éste fue sólo el comienzo de encontrar una fe verdadera y completa, y de alcanzar mi despertar espiritual.**

Después del Año Nuevo, en enero de 2017, me reuní con ella para la sanación; un evento que esperaba ansiosa y llena de nervios, ya que nunca había experimentado nada por el estilo y esto iba a ser el final de todo. ¡No lo podía creer!

A partir del 2017, también fui con Arny para mi chequeo anual.

—¡Wow! Has mejorado inmensamente desde la primera vez que te vi. ¿Qué estás haciendo? —preguntó.

—He estado tomando un nuevo tratamiento de homeopatía desde el verano pasado y creo que realmente está funcionando.

—Así es, definitivamente está funcionando, sigue así. ¡Estoy feliz por ti!

Los tratamientos de Rossy fueron un punto de inflexión en mi vida. Al final, Ella y Arny fueron los únicos doctores que me ayudaron y les estaré eternamente agradecida por no abandonarme en mi etapa más difícil.

En febrero recibí un e-mail con nuevos cursos de arte en Londres y sentí la necesidad de regresar. Tenía claro que recientemente había estado allí, pero quería volver y aprender más; después de todo, tenía muchas ganas de entrar en el mundo del arte. Sólo había creado pocos cuadros en el 2016, incluido *Hidden Bear*, un cuadro que mide 180 x 250 cm *—mi formato más grande hasta el día de hoy—* el cual me tomó alrededor de cuatro meses para terminar dados mis altibajos.

¿Debería volver a Londres? Me encantaría, quizás esta vez esté más presente y lo disfrute aún más, ya que por fin estoy limpia.

Para febrero escuché que el médium que conocí hace unos años estaba de regreso en la ciudad dando sesiones. Sentía la necesidad de escuchar la opinión de otra persona respecto a mis niveles de energía, y quería ver realmente si la información que me daría coincidía con la de Celia. Entonces, hice una cita. Ahora estaba más lista que nunca para enfrentarlo de nuevo y charlar.

—¡Hola, Marcela! Qué gusto volverte a ver. Puedo ver que estás mucho mejor que la última vez...

Charlamos un rato y luego él dijo:

—Sabes, puedo ver a tu futura pareja, me encanta la relación y la energía que estoy viendo; puedo sentir que la reunión está muy cerca. Es un compañero que ha sido elegido por el Universo. Sólo hay un hombre para ti, y es él. No puedo decir mucho, pero sé que no es mexicano, es extranjero y me encanta el intercambio de energía que tendrán.

Estaba impactada porque esta información era exacta a la de Celia y aunque no pensé mucho en eso, fue agradable ver que coincidía. Le pedí su consejo sobre mi regreso a Londres, y sin duda me dijo:

—Deberías ir, seguro. Ve, va a ser bueno para ti.

Salí del lugar después de una hora aproximadamente, sintiéndome tranquila y confiada, lista para llegar a casa y planear mi segundo viaje a Londres. Durante el 2016, la mayoría de las obras que hice se vendieron y todavía tenía mis ahorros, así que pensé: *¿Por qué no? Éste* *será mi primer viaje sin esas fuerzas oscuras sobre mí. ¡Me urge saber lo que se siente!*

Encontré un vuelo a un precio tan bajo que era sorprendente, también un departamento increíble por Chelsea y South Kensington *—vecindarios que generalmente tienen precios altos—*, más bajo de lo esperado y mis cursos estaban a un precio especial para ciudadanos europeos *—soy ciudadana española—*, ¡todo se estaba acomodando súper bien! *¡Las cosas definitivamente están mejorando!*

Todo se armó tan rápido que apenas pude contarlo. Estaba segura de que no quería que nadie supiera sobre mi próximo viaje, especialmente ninguno de mis primos para que no le dijeran a la bruja Lora.

QUERÍA QUE ESTO FUERA PRUEBA DE QUE SIN QUE ELLA SUPIERA TODOS MIS MOVIMIENTOS, FINALMENTE TENDRÍA UN VIAJE AGRADABLE.

Tres días antes de partir hacia Londres y a pesar de que en esa época estaba más saludable que nunca; de la nada, contraje la gripe más fuerte que había tenido en años. Estaba literalmente en mi sillón viendo la televisión cuando comencé a estornudar y en minutos estaba derribada en la cama.

Antes de irme, descubrí que durante la reunión de negocios de esa semana a la cual asistieron los hijos de Lora, mis hermanos compartieron mis planes de viaje con todos. ¡Me enfurecí! Para entonces ya sabía que era obra de ella, no tenía otra explicación.

Le envié un mensaje de texto a Rossy y ella me recetó una inyección con un montón de vitaminas que me levantarían de la cama; había escuchado lo bien que funcionaba este remedio en específico y, sin embargo, no me ayudó nada. Todavía no sé cómo me las arreglé para ese largo vuelo al extranjero. Ni siquiera podía respirar por el intenso nivel de sinusitis. Estaba tan mal, que me daban unos dolores de cabeza muy intensos.

Durante todo mi vuelo estuve en el infierno, pero seguía trabajando con mi mentalidad: *Esto no me va a derribar, ella no me derribará de nuevo.*

Esta vez, sólo estuve tres semanas en Londres, fue una estadía rápida, así que quería aprovecharla, y bueno, tal vez allí conocería al hombre de mi vida, ¿quién sabía?

No conocí a nadie. No había forma en la vida de conocer a un hombre sintiéndome como yo me sentía y viéndome como me veía.

Una amiga de España me visitó en Londres durante el primer fin de semana, y para entonces, mi voz se había ido. Mientras estábamos disfrutando de una clásica tarde de té inglesa, sentí una intensa ola de calor en mi cara, muy extraña, como si una gasa me cubriera, lo sentí, era de una suavidad escalofriante. Me disculpé para ir al baño, y en el espejo, vi mi cara no sólo de color rojo, sino que estaba áspera como cartón y de alguna manera estaba empezando a pelarse. ¡Me asusté! Le envié un mensaje de texto a Rossy con una foto y me hizo buscar una farmacia homeopática para comprar los medicamentos recetados —*¡Qué aventura ese día encontrar la única farmacia en el centro de Londres!*— Estaba tan agradecida de que hubiera una.

Los síntomas nunca desaparecieron mientras estuve en Londres. Pasé la mayor parte de mi estancia encerrada en mi apartamento tomando analgésicos y cualquier remedio que se me ocurriera. Unos días después, justo para mi cumpleaños número veintinueve —*ahora también puedes notar lo cíclico de cada evento desafortunado que aparecía alrededor de mi cumpleaños*— mi voz estaba regresando y los síntomas finalmente estaban desapareciendo, así que disfruté de mi cena especial de cumpleaños con una amiga lo mejor que pude.

Tomé tres cursos de arte diferentes, uno cada semana. Todo lo que hacía era ir a clase y tan pronto como salía de la escuela regresaba a casa para descansar. La sinusitis congestionaba toda mi cara y mi cabeza pulsaba continuamente. No podía dormir por las noches porque apenas respiraba. Tomaba maravillosos remedios naturales para el sistema inmunológico como shots de jengibre y caldo de huesos todos los días, ¡pero nada funcionaba!

Recé todos los días y todas las noches, **lloré y toqué fondo una vez más.** Mientras estos pensamientos profundizaban dentro de mí, yo sólo suplicaba para que se detuvieran.

¿Cómo puede alguien odiarme a tal punto para no dejar que se vea ningún indicio de mi color? ¿Cómo puede alguien odiar a otra persona hasta querer verla muerta?

No podía comprender, realmente no podía.

Verás, toda mi vida he sido amable, nunca he tratado a los demás de una manera que no me gustaría que me trataran, he sido respetuosa y educada. Es curioso que una foto mía sonriendo en Londres fue suficiente para que la gente creyera que tenía una vida de ensueño. Para ellos, yo era la "hija de papi" siempre viajando y divirtiéndome, disfrutando de la vida y derramando el dinero. Lo que no sabían era que todo esto lo pagué yo con mis ahorros, como lo mencioné antes. Pocos sabían que esta vez en Londres, fui miserable.

Recuerdo que le envié un mensaje de texto a Celia, preguntándole si estaba segura de que esta maldición se había quitado por completo, porque no me sentía bien, y eso no era normal.

A lo que respondió que ya estaba limpia, pero tenía que revisar si había algo en específico que me estuviera afectando.

—Para eso, tengo que entrar en tu espíritu y cobro por ello —respondió Celia añadiendo una cantidad exagerada de dinero.

Fue entonces cuando me di cuenta de que esto no estaba bien. Ella estaba jugando conmigo y esto no se había terminado. Años después, al contarle esta parte de la historia a mi verdadera sanadora, quedó en estado de shock.

—Lo que te hicieron en ese viaje es santería barata que será devuelta al hacedor, en este caso, Lora. Sin embargo, lo que te dijo Celia es terrible. No sólo no se quitó la maldición, sino que cuando ella te conoció, vio tu luz, tu potencial y tu esencia pura. Ella no quería ir "dentro de ti" para curarte, quería robártela. ¿Sabes qué sucede cuando le das permiso a alguien para hacer eso? Les das las llaves de tu vida y hacen contigo lo que quieran.

Años más tarde, supe a través de mis sanadores que Celia era tan vieja y débil que no podía manejar una maldición tan fuerte, era demasiado para su nivel. Al mismo tiempo, supe que algo andaba mal con ella, especialmente cuando comencé a ver su lado codicioso pues cada vez aumentaba más el precio. ¡Celia estaba en esto por el dinero!

LA INTUICIÓN HABLA

Llegué a Guadalajara justo a tiempo para Semana Santa y todos los síntomas desaparecieron como por arte de magia. Honestamente, mi primer pensamiento fue: *¡Wow, esa mujer realmente no quiere que prospere! Realmente no quiere que conozca a nadie; verdaderamente está bloqueando cada uno de mis movimientos.*

Desde abril y hasta el resto del 2017 tuve altibajos, pero logré mantenerme firme. Conocí a otra persona con sensibilidades y sin que yo le contara algo, me dijo lo mismo sobre mi tía y la maldición. No me quedé con él porque había algo que no me gustaba energéticamente; además, para el viaje de la convención anual al que también asistiría Lora, había una ligera diferencia respecto a los años anteriores: **ahora yo lo sabía todo.**

Así que esta vez yo estaba por encima de ella, observando cada movimiento; vi tantas cosas que coincidían con todo en la historia. La forma en que me tocaba constantemente, su interés en saber todo sobre mí, sus comentarios fuera de lugar como: "Marce, ¿dónde dejaste a tu novio? Deberías haberlo traído", preguntando cínica y burlonamente cuando ella sabía exactamente cuál era la situación.

Por primera vez, giré mi cabeza, no le respondí y la dejé hablando sola. En otro momento de la noche, mi hermana fue al grupo de mujeres donde estaba la bruja y se suponía que allí también estaría mi mamá, al no encontrarla, les preguntó si la habían visto. Lora respondió con un tono de sarcasmo: "Saltó del barco" *—señalando la proa del barco, donde se puede ver la fuerza del motor creando olas pesadas—* y se empezó a reír como Úrsula de *La Sirenita*.

Lo vi todo. Ella no tenía idea de lo que yo sabía. Me encantaría estar inventando todo esto, incluso mientras escribo estas líneas y cuento mi historia por primera vez, me cuesta creer cada detalle, pero créeme, sucedió.

Jamás fui tan indiferente con ella como en ese viaje. La veía extremadamente ansiosa y nerviosa a cada minuto que pasaba. Por lo general yo era muy educada, pero esta vez no se merecía ni una pizca de respeto.

Cuando desembarcamos en Barcelona, fuimos a disfrutar unas tapas en familia y la misma sensación de desmayo de cada año comenzó a llenarme. Mis manos estaban frías y todos los sonidos se desvanecían. Tenía dificultad para respirar y al mismo tiempo que intentaba calmarme; reuní mis fuerzas para ponerme de pie e irme. Me veía tan pálida que mi papá me acompañó al hotel donde tomé un baño para equilibrar la temperatura de mi cuerpo y me acosté en la cama. Dormí dos horas enteras, sentí como si mi cuerpo estuviera destrozado.

Para el año nuevo noté cómo mis niveles de energía, que habían mejorado, cayeron en picada en los últimos meses del 2017. **Estos contratiempos eran demasiado constantes**. Todavía estaba luchando con mi peso, con mi carrera y, bueno, con cualquier tema social.

NECESITABA ENCONTRAR A ALGUIEN QUE ME AYUDARA DE UNA VEZ POR TODAS.

—Papá, algo no está bien. Me estoy sintiendo agotada otra vez, no es normal.

—Estás loca, no hay nada mal, ya no pasa nada. Estás predispuesta —respondió sin rodeos.

Cuando entramos al 2018, visité a Arny en la Ciudad de México para mi chequeo anual. Todo parecía mucho mejor que el año anterior; estaba impresionado. Y mientras me escaneaba, sentí algo dentro de mí que gritaba: *¡Dile, cuéntale todo!* La fuerza de esta voz interior era algo que nunca había experimentado, pero pensé: *No, estás loca. No lo hagas.*

Después de unos segundos esa voz de nuevo: *¡Dile todo! ¡Necesita saberlo!* Así que le conté todo en general; no me detuve en los detalles. No le dije quién era la bruja, mucho menos su nombre. Pero luego me miró profundamente.

—Marcela, esta persona que te está lastimando es un familiar, ¿correcto?

—Sí.

—Ten mucho cuidado con esta persona. Esta mujer es malvada, sus niveles de odio y destrucción son fuera de este mundo. Su nombre es... Su nombre es... ¡Lora, Lora, sí, Lora!

—¿Qué acaba de suceder? Yo ya sabía, pero ¿cómo supiste tú? —le pregunté sorprendida.

—Me llegó —dijo Arny.

Resulta que él también tenía sensibilidades y durante todo este tiempo ¡nunca lo supe! Porque como me dijo más tarde:

—Sólo puedes abrirte poco con estos temas. Es extremadamente delicado y podría estropear mucho al paciente, pero ahora que lo sabes, puedo decírtelo. Todo tu cuadro clínico, todo lo que te pasó y por lo que estás pasando, simplemente no tenía ningún sentido. Sólo con esto puedo entenderlo completamente. ¿Y sabías que esta máquina también detecta tu campo energético? Bueno, el tuyo siempre está roto, dañado, atacado; ahora lo entiendo todo. Me alegra saber que tienes a alguien que te está ayudando a deshacerte de ese daño.

—Entonces, ¿tú qué puedes percibir? ¿Crees que finalmente se ha quitado?

—Honestamente, Marce, todavía puedo sentir que hay magia negra a tu alrededor.

¡Lo sabía! Todo este tiempo tuve razón, ¡otra vez!

Ok, eso fue *muuuuy* extraño, no voy a mentir. A pesar de que supe esto durante todo un año, el hecho de que Arny me diera toda la información y me repitiera lo que otras tres personas con sensibilidades me habían estado diciendo, era demasiado retorcido y extraño; **esto simplemente agregó más peso a la horrible verdad.**

Estos humanos no se conocían entre ellos, ni siquiera vivían en la misma zona, y parecía como si esta enorme y fea verdad tomara su propia forma y se revelara con más y más detalles a medida que pasaban los días.

Desde noviembre de 2017, mi mamá había querido llamar a un sacerdote exorcista, uno de esos que tienen dones multisensoriales y, de alguna manera, no se concretaba. Sin embargo, después de descubrir que la maldición por la que Lora había pagado todavía tenía efectos sobre todos nosotros, insistimos en contactar y conseguir a este sacerdote que, una vez más, fue recomendado por coincidencia y se suponía que era excelente en su trabajo —*resulta que unos años después de que me lastimó a mí, Lora decidió hacer lo mismo con toda mi familia, sólo por dinero, poder, odio y maldad.*

Tuvimos que buscar a cualquiera que quisiera y pudiera ayudar a deshacernos de esas fuerzas malignas que nos seguían. No iba a rendirme fácilmente, especialmente en este punto cuando después de tanto tiempo, estaba recuperando mi vida, de manera lenta, pero constante. No tenía idea de la cantidad de trabajo interno necesario para terminar con todo esto. Tal vez si lo hubiera sabido, me habría rendido más fácilmente.

Unos días antes de que el sacerdote se reuniera con nosotros en casa, visité a Rossy para mi chequeo mensual. Le conté todo lo que sucedió una semana antes en la cita con Arny, y por primera vez, decidí contarle todo.

—Marcela, escucha, quiero que sepas lo que vi el primer día que te vi. Nunca te lo dije porque es un tema muy delicado y las reacciones pueden ir en tantas direcciones que mi prioridad contigo, en primer lugar, era controlar y equilibrar todos los sistemas de tu cuerpo.

—¿Qué estás tratando de decir? —pregunté.

—El primer día que observé tus ojos —*recuerda que es iridóloga*— vi un cuerpo con todos los sistemas y órganos de una mujer de ochenta años. Tienes una calidad de vida muy baja en todos los sentidos posibles, y ahora todo tiene sentido —añadió Rossy.

—¿Quéeeeee? ¿¡Pero cómo!?

—Se llaman vampiros energéticos. Básicamente estaba extrayendo toda tu juventud para ella retenerla; sé que suena loco, pero es algo real —respondió Rossy.

Es muy loco, no puedo comprender la razón detrás de los hechos de Lora, ni la forma en que **esto era increíblemente similar a *Blancanieves*.**

EL MIEDO TIENE DOS SIGNIFICADOS:
OLVÍDATE DE TODO Y CORRE
O ENFRENTA TODO *Y LEVÁNTATE*.
LA DECISIÓN ES TUYA.

—ZIG ZIGLAR

A pesar de lo impactante que fue esa revelación para mí, me sentí tranquila porque todo tenía sentido. Finalmente conocí la raíz del problema —*la verdad*— que para mí fue la parte más difícil del proceso, y aunque la sanación no fue un paseo por el parque, una gran parte de mí estaba tranquila, sabiendo que había encontrado la verdad y la ayuda correcta.

Lo creo porque lo viví, me vi perdiendo la vida, vi cómo me crecían canas de la nada y me vi las manos arrugadas, incluso experimenté la menopausia en todo su horrendo esplendor.

NUNCA SUPE QUE ESTO EXISTÍA EN LA VIDA REAL, MUCHO MENOS QUE VIVIRÍA PARA EXPERIMENTARLO DE PRIMERA MANO.

—Lo sé, es mucho para asimilar. Pero no te preocupes, estás en las mejores manos. Estaré contigo en cada paso del camino y me gustaría que visitaras a esta persona —explicó Rossy mientras me entregaba una hoja con el nombre y el número de una mujer—. Seguro que te ayudará, es la mejor sanadora que conozco y tiene una sensibilidad aumentada como nadie; puede entrar en el libro de tu vida y decirte todo. Básicamente, ella tiene verdadero contacto directo con el Ser Supremo/el Universo como ningún otro.

Quedé boquiabierta y claro que tenía dudas, todo parecía raro y sobrenatural. Además, el sacerdote era nuestra próxima esperanza para terminar lo que había estado sucediendo durante años.

—Wow, qué fuerte. Mira, guardaré este contacto y esperaré a ver qué dice el padre que visitará nuestra casa la semana que viene, y partiré de allí. ¡Muchas gracias!

—Claro, no hay problema, sabrás cuando sea el momento. Por favor mantenme informada.

Unos meses atrás, ella me había dicho que tenía una sensibilidad en lo que respecta a las percepciones, ella tenía un don. Puedes decir que esto es una locura, pero **estos son exactamente los diminutos rayos de luz y la esperanza que el universo me mostró después de que me rendí.**

Más tarde me di cuenta de que *todos* mis médicos y las personas que finalmente me ayudaron eran extremadamente humildes y además tenían sentidos intensificados y una inclinación hacia los remedios naturales u holísticos. Todos tenían un don, eran multisensoriales en niveles que nunca supe que existían; hasta que conocí a mi "hada madrina", quien tiene un talento extraordinario.

Mi familia y yo le dimos la bienvenida al sacerdote a nuestra casa la semana siguiente y lo invitamos directamente a nuestra sala donde queríamos charlar. Esperábamos que supiera lo que estaba pasando. No le habíamos dicho nada, tratando de que "adivinara". Sólo mencionamos que queríamos una bendición para nuestro hogar.

Al principio, no decía mucho. Simplemente caminaba por la casa, hasta que finalmente preguntó en voz alta:

—¿Cómo están todos? ¿Cómo han estado durmiendo últimamente?

Nos miramos todos y dije:

—Yo he tenido mucho insomnio y nos gustaría hablar con usted sobre algo en particular.

—Saben, había querido venir a su casa pero siempre que tenía la intención, algo surgía. Las cosas más raras me detenían. Por eso tuve que concentrarme mucho para venir aquí, a pesar de lo que sucediera, no sé bien cómo explicarlo pero hay una fuerza maligna que está tratando de mantener a Dios y a la luz fuera de su hogar. Hay algo que no permite que entre la luz y lo sentí incluso en la puerta principal, antes de entrar. Puedo sentir que les están haciendo algún tipo de trabajo maligno a todos ustedes —dijo el sacerdote, pálido, con la mirada inquieta.

Todos nos quedamos sin palabras.

Fue increíblemente espeluznante, pero a la vez tranquilizador. Mi papá le entregó una fotografía de su familia, incluidos sus cuñados y cuñadas, y preguntó:

—¿Puede ver algo en esta imagen? ¿Algo o alguien?

—Es ésta de aquí, sin duda. Ella es un alma malvada, empañada y tiene un odio severo hacia toda la familia —respondió el sacerdote mientras señalaba a la misma persona... Lora.

Nos miró a cada uno de nosotros por separado y, de repente, comenzó a decirnos lo que ella nos estaba haciendo a cada uno.

Cuando fue mi turno dijo:

—Ella colocó una estaca ahí entre tu hombro derecho y tu clavícula para que no pudieras moverte correctamente y no pudieras crear; para ser honesto, ella te lastimó mucho. No quiere verte triunfar o prosperar en ninguna área de tu vida. Te hizo desaparecer socialmente. Cubrió tu luz por completo para evitar que alguien se acercara a ti; causó un estrago emocional masivo para ti. Puedo ver que has estado muy estancada y enferma; esta es la razón.

Me quedé pensando: *una estaca justo donde me lesioné cuando me caí en la cancha de tenis. Dios mío, esto es una locura, ¿cuándo terminará esto?, ¿por qué me odia tanto?, si nunca le he hecho nada.*

Los pensamientos vinieron uno tras otro, una vez más. A pesar de que había escuchado esto durante tanto tiempo, todavía no comprendía todo lo que Lora había sido capaz de hacer, y mucho menos comprendía la razón. El sacerdote bendijo nuestra casa e hizo algunos trabajos para limpiar el lugar. Caminó por toda la casa rociando agua bendita y rezando en latín pues, nos dijo, “es la lengua que exilia al demonio y al mal”, nosotros íbamos detrás de él durante el recorrido; al terminar mencionó que vio manchas oscuras volar y salir de nuestro espacio, recuerdo que la temperatura bajó bruscamente y algo crujía con fuerza, como si la casa fuera estrujada o un depósito de huesos. La parte más extraña de todo fue que se suponía que debía quedarse a almorzar y, sin embargo, se fue tan pronto como terminó su trabajo, como si tuviera miedo de quedarse y ser abrumado por lo que sea que sintió y vio.

Estábamos asombrados, pero al mismo tiempo me sentí más segura y serena al saber que no sólo había más verdad y más pruebas, sino porque ahora sentía como si un rayo de luz hubiera entrado en nuestra casa después de un período muy largo, sentía como si hubiera un arcoíris que venía después de la tormenta y por primera vez en años, a partir de ese momento, finalmente me dormí sin sentir ningún tipo de presencia atormentándome. **Finalmente respiré de nuevo.**

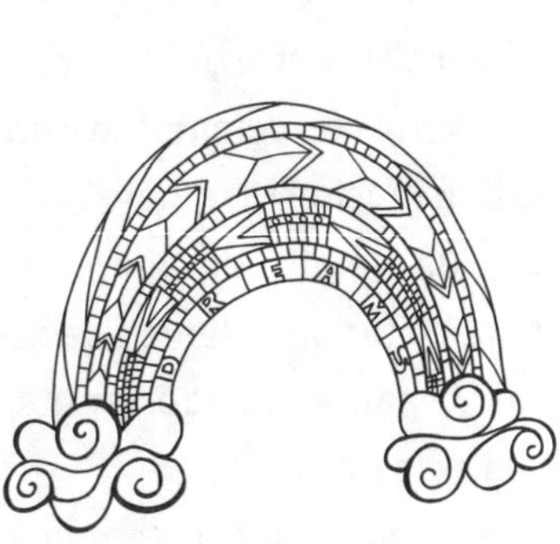

Este arcoíris se hizo más grande al día siguiente, cuando recibí un e-mail, de la nada, de una empresa de renombre invitándome a aparecer en la sección de arte de sus revistas. ¡Sinceramente, no podía creerlo! Había desaparecido durante tanto tiempo. Nadie me contactaba en absoluto, sin importar cuánto lo intentara y cuánto lo buscara; esto fue como magia una vez más.

Además, justo después de nuestro encuentro con el sacerdote, fui con mi nutrióloga y, de repente, perdí peso como nunca. La había estado viendo desde septiembre de 2017 —*cuando mis médicos finalmente me autorizaron hacer dieta*— y no había tenido éxito en perder peso sin importar mi esfuerzo. Como mencioné antes, llevaba un tiempo practicando un estilo de vida muy saludable; sin embargo, tuve que dejar de probar cualquier tipo de dieta para adelgazar dado que todo mi cuerpo estaba extremadamente descompensado.

Tuve que concentrarme en recuperar la salud poco a poco, y un día, mi doctora me dio una dieta alcalina, específicamente para impulsar mi metabolismo, así como para ayudar a desintoxicar mi cuerpo. Después de explicarle mis enormes contratiempos clínicos de años atrás, dijo:

—Esta dieta te ayudará mucho, Marce, por lo general se hace sólo durante un mes, ya que es un plan de alimentación muy específico; los hombres suelen perder seis kilos y las mujeres cuatro kilos de grasa durante ese mes.

En efecto, era una dieta muy específica. Me dio una lista de alimentos para saber qué podía comer. Deseaba desde hace tiempo un impulso en mi metabolismo, al igual que esperaba perder algunos kilos. Hice mi dieta increíblemente bien —*es una de esas dietas en las que de ninguna manera puedes hacer trampa, ni siquiera un poco o dejará de funcionar*— y para el primer mes, me sentí devastada cuando descubrí que no bajé *nada*.

—Marce, está bien, no te preocupes. Parece que tu metabolismo está bastante lento, así que démosle una oportunidad más, un mes más. ¿Te animas? —preguntó mi nutrióloga.

—Por supuesto. Estoy dispuesta a hacer cualquier cosa en este momento y, de hecho, me he sentido muy bien con esta dieta.

Así de mal estaba mi metabolismo: la hice durante dos meses enteros sin salirme *para nada*, la hice a la perfección y apenas bajé dos kilos. Pero, el dato curioso de esto, es que después de que el sacerdote limpió mi casa y mi energía, de repente perdí alrededor de cinco kilos de la nada.

SEGUÍ NOTANDO ESTOS MINÚSCULOS INDICIOS DE COLOR Y NO PUDE MÁS QUE CREER CADA VEZ MÁS EN EL PODER DEL AMOR, LA FE Y EL UNIVERSO.

Eran unas coincidencias increíbles.

En algún punto del camino, todavía estaba luchando, pero me sentía bien; mucho mejor que los meses anteriores. Sentía que todo avanzaba con lentitud y todavía no me sentía al 100%; sin embargo, sabía que eventualmente estaría bien. **Sabía que ya no estaba cayendo,** sino al revés. Por fin comencé a encontrar el camino para subir y escalar esa montaña de nuevo.

Para abril de 2018, me sentí más lista que nunca para presentar mi exposición individual, una que había estado planeando en mi mente durante un año y simplemente no sucedió por muchas razones, incluida la inestabilidad de mi salud.

Exhibí alrededor de quince de las pinturas que había creado durante esos años. El lugar estaba lleno, había alrededor de ciento veinte personas en la noche de apertura y no podía creer el apoyo y el amor que todos me mostraron. Estuve apartada durante tanto tiempo y realmente sentí que éste era mi regreso triunfal. Fue una noche muy especial para mí, una que nunca olvidaré porque éste fue el verdadero comienzo de mi carrera como artista.

Todo sucedió muy rápido, justo después de esa primera exposición individual, de repente, personas del mundo del arte me invitaban y me contactaban de una manera que nunca imaginé. Poco a poco las puertas comenzaron a abrirse para mí y las oportunidades comenzaron a aparecer.

En esta exhibición en particular fue la primera vez que mi familia, mis amigos y el público en general veían mi trabajo de cerca y en persona. Fue la primera vez que vi sus reacciones y escuché sus comentarios. En ese momento, después de ver cómo la gente se perdía en mi arte y cómo sus ojos se iluminaban, supe que había un propósito más grande detrás de mi trabajo.

¿Recuerdas que te dije unas líneas atrás que Rossy me dio el nombre y el número de una gran sanadora? Lo había olvidado por completo, pero de alguna manera, en mayo de ese mismo año, mi familia y yo seguíamos teniendo algunos contratiempos. Todavía recuerdo lo que pasó por mi mente el día que guardé esa hoja de papel con el contacto en el cajón: *Estoy bien por ahora, cuando lo necesite lo sabré.*

Un día abrí el cajón de mi habitación y vi el papelito doblado, ¿y adivina qué? Justamente unos minutos después, mi papá me marcó para decirme que había hecho una cita con ella y quería que lo acompañara. No voy a mentir, estaba nerviosa y dudaba en reunirme con ella porque no sabía cómo terminaría.

¿Y si me dice verdades más horribles? ¿Y si me dice que no hay forma de salir de este agujero lleno de maldad? ¿Y si me dice cosas que no quiero escuchar como mi primera visita al médium?

¿Y si no tiene una respuesta para mí?

¿Y si no entiende?

¿Y si...?

Estaba completamente equivocada.

Esta mujer, a la que llamaremos V, era el ángel con el que estaba esperando cruzarme en algún momento de mi vida. V se convirtió en *mi hada madrina*, mi sanadora, mi guía espiritual y mi mentora. Esta mujer cambió mi vida 180° para mejor. **En todas las formas posibles**.

3. LUZ DESLUMBRANTE

Nuestra mayor gloria no está en nunca caer,
sino en levantarse cada vez que caemos.
— CONFUCIO

MÁS FUERTE QUE AYER

Mi primera cita fue mucho más de lo que esperaba. Para empezar, no era para mí, era para mi papá, quien tenía muchas dudas sobre el mismo tema. Así que me pidió que lo acompañara y sólo accedí con la condición de ir como acompañante *—no a una cita.* Yo no quería saber qué era lo que podría decirme al entrar "al libro de mi vida".

Nos recibió en su humilde, pero acogedora casa en las afueras de la ciudad, desde el momento en que puse un pie en ese lugar sentí una sensación de consuelo, paz y amor.

—¿Por qué está aquí?, ¿cómo lo puedo ayudar? —preguntó ella abruptamente después de saludarnos.

—Hemos tenido muchos contratiempos. Rossy nos dio tu número —respondió mi papá sin decir mucho porque quería que ella demostrara sus "poderes".

Yo estaba sentada a un lado de mi papá, en silencio. Platicaron acerca de la vida durante aproximadamente una hora, y justo cuando pensaba que la sesión había terminado, ella dijo:

—¿Están *listos* para comenzar?

En ese instante pensé: *¿Eh? ¡¿Listos?! Llevan platicando una hora, ¿qué fue esto entonces? Además, no es mi cita, yo no vine a cita.*

—Cierren los ojos, siéntense cómodamente y apoyen las palmas de las manos hacia arriba sobre las rodillas, relajados respirando tranquilamente —dijo V.

No sabía qué pasaba *—¡yo no vine a una cita!—* pero así, nerviosamente lo hicimos. Comencé a inhalar sintiendo indicios de energía que me movían ligeramente.

Ella comenzó a orar de una forma muy bonita. Se detuvo por un segundo, y de repente noté un cambio sutil en su tono de voz. Comenzó a hablar como si estuviera transmitiendo un mensaje de los cielos *—era tan inquietante como reconfortante—*, usaba palabras que sólo oirías en los días de antaño y en la Biblia; palabras que ya nadie usa. Estaba transmitiéndole un mensaje directamente a mi papá. Después de unos minutos se volteó hacia mí y comenzó a transmitirme un mensaje. Me habló con tanta calma, paz, amor y tan directamente que, hasta el día de hoy, puedo recordar uno de los mensajes que recibí ese día en mi primer encuentro.

—Mi dulce niña, veo y escucho todo lo que haces y dices. Te escucho todos los días. Has sido un modelo a seguir, una hija ejemplar y una gran amiga, no hay nada más que bondad en tu corazón, por eso serás recompensada grandemente. Hija mía, has sufrido mucho sin merecerlo, pero tu dolor, tu agonía y tus días de sufrimiento han terminado. Prepárate, mi querida niña, a partir de este día comienza tu recompensa, te mereces todo lo mejor...

Ojalá pudiera explicar de manera precisa cómo me sentí al escuchar esas palabras. No entendía bien el proceso y lo que realmente estaba pasando, pero estas palabras me impactaron mucho; entraron directo a mi corazón y a mi entraña; en un segundo, las lágrimas comenzaron a caer por mi rostro.

EN ESE MOMENTO, SUPE CON CERTEZA QUE DE HECHO HAY ALGUIEN MÁS GRANDE AHÍ AFUERA, VIGILANDO Y ESCUCHÁNDOME.

No podía entender cómo esta mujer sabía de esto, yo no le había contado *nada,* y mucho menos por qué su voz cambió y todo lo que sentí fue una gran cantidad de amor derramado sobre mí. En cuanto terminó de hablar, abrí los ojos y todo mi cuerpo estaba caliente y sudoroso por toda la energía que se había manejado.

—¡¿Qué fue eso?! —pregunté sorprendida.

—Tengo la capacidad de transmitir mensajes de Dios, de tus antepasados, de ángeles y de seres más allá de este plano. Ese fue un mensaje para ti de Dios mismo. Por lo general, no habla directamente a menos que tenga que hacerlo, pero tenías que escuchar esto —respondió V.

Me quedé boquiabierta. Seguía llorando y seguía procesando.

LOS *NUEVOS COMIENZOS* A MENUDO SE DISFRAZAN DE FINALES DOLOROSOS.

—LAO TZU

Luego V dijo:

—Marcela, llevas años viviendo en el infierno. Has pasado la mayor parte de tu vida en una burbuja, encerrada en una cárcel con dolor y sufrimiento. Quiero que sepas que esos días se acabaron. A partir de hoy comenzarás a levantarte y nunca más mirarás atrás. Desde que aceptaste venir aquí, me aceptaste como tu guía, tu mentora y tu sanadora. No sólo te ayudaré, sino que te enseñaré muchas cosas que no están escritas en los libros. Nada más necesito que seas paciente y resistas.

—¿Más? ¿Más paciente? La paciencia y la resiliencia son todo lo que conozco desde hace años. Me han hecho más pruebas que a nadie que conozco.

—Sí, más. Éste es un proceso lento pero constante, y cuanto más das de ti, cuanto más duro trabajes en esto, más rápido sanarás. Te veré el próximo mes. Por ahora, puedes irte.

Volteó con mi papa y le dijo:

—¿Sabía que su hija estuvo a punto de morir, verdad? Estuvo muy grave, pero no se preocupe, va a estar bien. Llegaron a tiempo.

Mi papá no entendía qué estaba pasando.

Éste ha sido uno de los momentos más extraños y geniales de mi vida. Mis sentimientos cambiaban constantemente, pero me sentía bien; mi voz interior estaba tranquila y feliz. Algo dentro de mí se daba cuenta de que éste era el momento clave en mi vida. Éste era el momento que había estado esperando por tanto tiempo y ésta era la persona que había estado buscando durante años, después de tantos rechazos y fracasos.

A partir de este día, comenzó mi verdadero proceso de sanación. **A partir de este día, comenzó mi verdadero ascenso y la escalada más difícil y empinada de la montaña de mi vida.**

RABBIT HOLE

Si pudiera poner toda mi experiencia en una sola pintura, sería en ésta. Este agujero está lleno de objetos que representan cosas específicas que viví y que hicieron un hoyo aún más profundo para mí; sentía que me asfixiaba mientras caía hacia lo desconocido. Llegar a esa estrella es lo que finalmente me llevó de regreso al color y a la vida.

LOSING CONTROL

Perdí tanto control de mi cuerpo físico que literalmente sentí como si me estuviera desmoronando lentamente, hasta que no pude volver a bailar.

HEARTBREAK

Sentí que mi corazón se convertía en acero duro y frío mientras la vida y el color escurrían de él.

UNRECOGNIZED

Con cada lágrima sentía como si mi vida se derramara y saliera de mí; mi juventud, mi ser y la chispa que solía tener... Esa mujer no era yo.

STILL ME

Me sentía tan pequeña
y frágil cuando vi el nivel
de odio hacia mí...

BRIGHTNESS BEYOND
MEASURE

De repente sentí
una nube pesada de
toxicidad sobre mí
tratando de apagar
el poco brillo que me
quedaba.

INSIDE LOOKING OUT

Estaba viviendo en mi propia cárcel, en mi infierno. Podía ver el mundo exterior brillando; mientras el mundo entero avanzaba, mi vida se me iba de las manos.

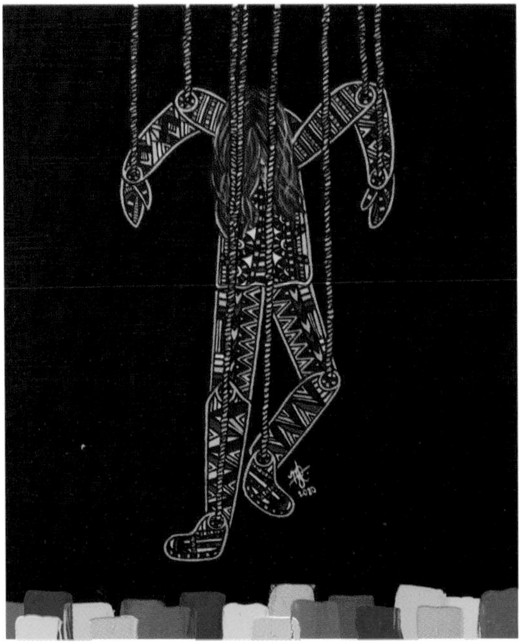

DANCE PUPPET, DANCE!

Había algo más grande controlando cada uno de mis movimientos; me sentí como una marioneta. Perdí tanto control de mi cuerpo que no sabía cómo recuperarlo; la vida estaba tan lejos de mí, que no sabía cómo volver a ella.

SURRENDER

Cuando lo perdí todo, sólo me quedó aferrarme a la fe, lo único que finalmente me sostuvo. A partir de que me entregué a ella, comencé a recuperar mi vida, poco a poco en pequeños pasos.

WHO KNEW?

Esa niña soy yo. Nunca vio venir las batallas que tendría que luchar, ni la montaña que tendría que escalar; algo tan grande que la convertiría en un dragón lleno de fuerza, fiereza y poder.

BE EMPATHETIC
Sé empático

BE HONEST
Sé honesto

BE STRONG
Sé fuerte

BE FEARLESS
Sé intrépido

BE CONFIDENT
Ten seguridad

BE PRESENT
Estar presente

BE GENUINE
Sé genuino

BE CALM
Ten calma

BE BRIGHT
Brilla

BE KIND
Sé amable

BE PATIENT
Sé paciente

BE FREE
Sé libre

BEGIN AGAIN

Como un Fénix, comencé a resurgir de las cenizas. Esta pintura representa lo que ahora sé que sucede después de librar las batallas más duras y sobrevivir: transformación, renovación, renacimiento y poder.

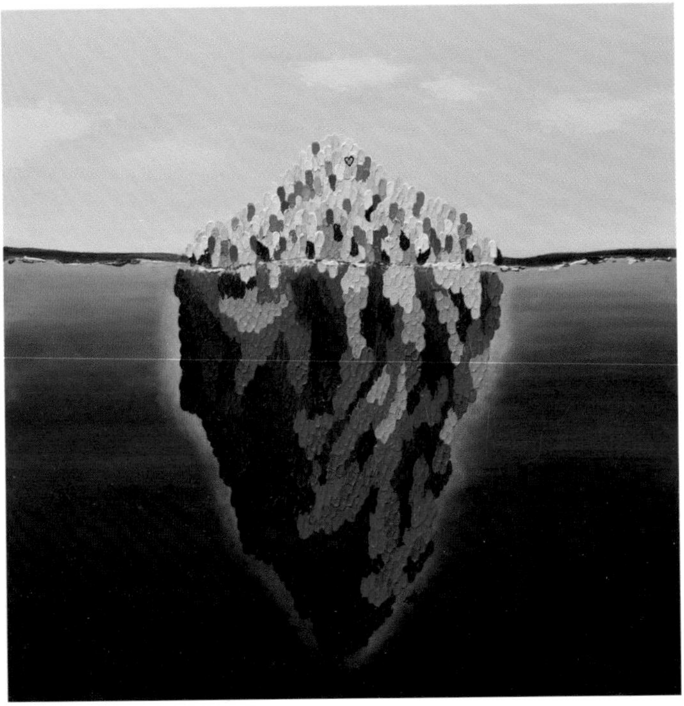

RISE UP

Este iceberg representa la montaña que tuve que escalar. Cada trazo representa el pequeño paso que di para llegar a la colorida cima. Nadie ve lo que hay en la parte inferior, nadie sabe lo que sucede a puerta cerrada, por lo general piensan que llegar a la cima y alcanzar el éxito es un camino fácil o simplemente mera suerte.

Durante años recé y deseé encontrar a alguien que me ayudara a descubrir la verdad detrás de esta experiencia de mi vida. Siendo honesta, pensé que sería cuestión de una sola persona; quizás un doctor que encontrara mi diagnóstico. Nunca me imaginé que había algo más grande que una enfermedad. Realmente había una verdad horrenda y oscura detrás de todo mi episodio y, al mismo tiempo, no era sólo un médico el que me ayudaría. Jamás creí que pasaría por tantos médicos y personas para llegar a esta última.

Cada persona que me topé en el camino, que me dio al menos un poco de información, fue una bendición, ya sea que me ayudaran por completo o no. Algunos de ellos no podían manejar el nivel de maldad que se me impuso desde que tenía ocho años, otros simplemente no podían ver más allá del plano terrenal.

Verás, a lo largo de mi trayecto me encontré con muchas personas con dones extrasensoriales que pudieron ayudarme, pero decidieron no hacerlo. Algunos dijeron que era un trabajo tan fuerte que no podían manejarlo. Otros dijeron que todo estaba arreglado y que estaba bien *—cuando no lo estaba y cuando realmente no había sido tratado*. Algunos decidieron quedarse callados y no decir nada porque es un tema tan pesado y tabú que no estaban seguros de mi reacción; y otros decidieron no ayudarme porque de alguna manera pensaron que eso significaba perder toda su energía y, ¿cómo podían compartirla?

¿Quieres saber qué pienso hoy?

No se dieron cuenta de que cualquier energía que ellos transmiten como sanadores no es suya. **Es una energía que viene de arriba, de la Fuente de Energía, del Universo: de Dios.** Ellos son sólo el conducto, pero cuando el ego, el poder y el miedo toman el control, es exactamente cuando fallan en su trabajo.

Finalmente, todo sucedió de la mejor manera. Dios me llevó a las personas clave que fueron las más adecuadas para mí. Estas personas se convirtieron en mis guías y sanadores; *mi equipo estrella.* **Comprendí cómo Dios realmente me estaba cuidando y me ha estado cuidan-**

do a través de mi proceso de recuperación. Cada persona que me envió para sanarme, para ayudarme a sobrevivir y luchar, tenía un don.

Levantarme ha sido extremadamente duro y difícil. De hecho, ha sido un proceso mucho más duro que caer. Cuando estaba en caída libre hacia lo desconocido, era como si no hubiera nada a lo que aferrarme; sólo estaba esperando tocar el suelo, así que decidí soltarme y dejarme llevar.

Caer requirió mucha energía para encontrar la respuesta. Enfocarme en cómo manejar tantos sentimientos que se apoderaron de mí, todos a la vez. **Subir y escalar esa montaña de nuevo ha requerido cada granito de fuerza, de fe, de paciencia y resiliencia en mí.** Pasé alrededor de veinte años de mi vida atrapada en la oscuridad y defendiéndome de terribles percances, y diez años de los veinte, esquivando balas y cuchillos invisibles, pero mortales; luchando por mi vida, tratando de sobrevivir de alguien que quería verme muerta a cualquier precio.

Definitivamente es más fácil decirlo que hacerlo, ¿verdad?

Yo pensaba que una vez que encontrara a la persona adecuada, habría una especie de "pastilla mágica" o un ritual y eso sería el final de todo. Pensé que de repente estaría completamente bien, pero resulta que éste fue un trabajo muy difícil incluso para V, quien tiene una de las habilidades sanadoras más magníficas que he visto en mi vida.

Todo mi cuerpo estaba dañado de adentro hacia afuera. Mis órganos sólo funcionaban al 20%; yo era una mujer de ochenta años por dentro *—y esto es sólo lo físico.*

Socialmente, mi vida se había convertido en monotonía pura, sin planes ni salidas, y cuando algún evento surgía, mi cuerpo no soportaba salir y pasar el rato como solía hacerlo años antes. Emocionalmente estaba destrozada, mis niveles de frustración, ira, rencor, odio, incertidumbre y miedo eran enormes; me sentía completamente derrotada y perdida. Había tocado fondo y había perdido todo, enérgicamente, estaba fundida e inestable; mentalmente, estaba más débil que nunca.

Perdí la esperanza durante mucho tiempo, así que me costó mucho volver a creer; especialmente, creer que mi cuerpo se regeneraría por sí solo, con toda la ayuda de mi *equipo estrella.* En este momento, había encontrado la luz que tanto anhelaba. Dependía de mí tomar una decisión, luchar y seguir adelante. **Elegí creer y dar todo de mí.** Después de todo, ¿qué más podía perder?, ya no había nada.

CUANDO TOCAS FONDO, SÓLO HAY UNA DIRECCIÓN HACIA DONDE IR... ARRIBA, ARRIBA Y MÁS ALLÁ. EL RESTO DEPENDE DE TI.

Mi proceso de recuperación fue particularmente difícil con mi familia y amigos porque para ellos, era inexplicable todo lo que estaba pasando.

GANAS FUERZA, VALOR Y CONFIANZA CON CADA EXPERIENCIA EN LA QUE REALMENTE DEJAS DE MIRAR EL MIEDO A LA CARA. *DEBES HACER* LO QUE CREES QUE NO PUEDES HACER.

—ELEANOR ROOSEVELT

Durante más de diez años, me sentí como una extraña dentro de mi familia, especialmente después de vivir tantos momentos oscuros y tan pesados. Amo a mi papá, a mi mamá y a mis hermanos con el alma; son seres humanos extraordinarios, y soy increíblemente afortunada de haber nacido en esta familia. Sin embargo, nunca fue fácil cuando se trataba de compartir nuestros sentimientos y emociones. Así como tienen corazón de oro y así como están llenos de bondad y amor, también somos una familia bastante fría y poco expresiva en asuntos del corazón. Durante años nunca hablamos de ningún tema relacionado con nuestras emociones y mucho menos demostramos algún tipo de vulnerabilidad con tal libertad como a uno le gustaría. Probablemente, era yo la que más abría sus sentimientos, pero ellos tampoco eran buenos escuchando. Cada vez que necesitaba hablar con alguien, tenía que encontrar el momento perfecto con algún miembro de mi familia o acudir a mis mejores amigos.

Como familia, nos encanta ir a restaurantes y probar de todo *—somos súper foodies—*, nos encantan las reuniones sociales *—mis papás son de verdad los mejores anfitriones que encontrarás en este planeta—*, disfrutamos la fiesta, la música o simplemente pasar el rato, reírnos y hacer reír a los invitados, y más que nada, divertirnos. El único problema fue que en mis peores momentos, yo no podía unirme a ellos, ni hacer ninguna de esas actividades, así que me convertí en la rara e hipocondríaca porque no podían ver físicamente lo mal que estaba.

Por ejemplo, no había forma de que pudiera explicar mi agotamiento energético crónico. Esto no era sólo estar cansada y tener que tomar una siesta para recuperarme. Era mucho más que eso. No importaba lo bien que durmiera, nunca había un día en el que tuviera la suficiente energía, fuerza y una mente clara. Estaba físicamente agotada con los ojos hinchados, resecos y me ardían. Constantemente, tenía mi mente nublada, distraída, y si me atrevía a estar de pie durante más de quince minutos, me sentía mareada, con manos frías, débil y desanimada, entre muchos otros síntomas. Mi cuerpo no soportaba realizar ninguna acción física *—era horrible—* y cuando le sumas la inestabilidad emocional, todo empeora.

Durante mi sanación, conocí a Omar, un hombre con un "don" *—experto en energías—* y en cuanto me vio, se dio cuenta de lo agotada que estaba. Pasé alrededor de una semana en la Ciudad de México y lo visité todos los días para sesiones de terapia energética. Me explicó que tenía que darme algunas entregas de energía muy fuertes dado que estaba completamente agotada. Después de esto, sentí un enorme aumento de energía. Omar sigue siendo un gran guía en mi vida hasta el día de hoy.

Los síntomas durante mi recuperación eran muy difíciles de explicar porque, aunque los sentía físicamente, de repente se detonaban en mis emociones. Mi familia me preguntaba: "Pero ¿qué te duele?", y la respuesta era *nada*.

Sabiendo que es un tema muy loco y complicado de entender, no podía explicar mucho, así que les pedí que me dieran mi espacio y mi tiempo sin hacer preguntas. A estas alturas, han aprendido a respetar eso; han aprendido a observar y escuchar sin juzgar y, por eso, estoy inmensamente agradecida. Aunque la verdad es que, en mis momentos más difíciles, más que necesitar platicar con alguien o ser comprendida, lo único que realmente necesitaba era que alguien me sostuviera, una palmada en el hombro o sólo un abrazo.

Ojalá las palabras describieran de manera exacta los sentimientos por los que pasé y por los que he estado pasando durante este proceso de sanación tan inestable; es como empezar a volar y caer en picada en el proceso, hasta que aprendes a sostenerte y a mantenerte estable en el nivel que comienzas a alcanzar. Luego, se repite este proceso una y otra vez hasta que te recuperas y alcanzas niveles más altos.

La sanación involucra cada célula, parte y sistema de tu cuerpo. Para sanar al 100%, necesitaba arreglar mi cuerpo físico, mis emociones, mi mentalidad, mi espiritualidad y mi energía; literalmente todo lo que tenía en mí.

El 2020 fue uno de mis años más difíciles no necesariamente por la pandemia global, sino porque fue la parte más complicada de mi proceso de sanación. Sabía que esa era la última parte del curso antes de estar completamente sana y libre; por eso fue un año de estar conmigo, y ser yo mi prioridad. Fue un año de gran introspección, en el cual pasé meses equilibrando cada parte de mí, afrontando y aprendiendo a mantener la calma y a centrarme en todo momento *—me sacudieron toda completita.*

¿Cómo puedo explicarlo mejor?

Imagina una gran habitación repleta de cosas y triques que tienes que recoger y limpiar a fondo. Tienes que levantar todo, sacar toda la basura, quitar el polvo y la suciedad que sale; mover todo, barrer, trapear, limpiar... Y luego, además de tirar lo que ya no sirve, tienes que poner todo en el lugar exacto donde debe estar y dejar la habitación impecable.

Por ejemplo, durante mis primeras citas con V, era imperativo que nos centráramos en sanar mi glándula de tiroides y todo el sistema endocrino. Después de un par de sesiones, noté una marca en mi garganta justo donde está la tiroides. Empezó a hacerse más grande a lo largo de la semana. Parecía una llaga de alrededor de diez centímetros de longitud que me recorría el cuello; me ardía y me dolía. No estaba segura de qué era, hasta que le envié un par de fotos.

—No te preocupes, es normal. La última sesión trabajé energéticamente sobre tu glándula de tiroides. Es como si te hubiera hecho una cirugía. Es por eso que se ve en tu piel —dijo V.

Estaba en completo y absoluto shock porque durante mi sesión ni siquiera me tocó, de hecho, siempre estuvo parada a un metro y medio de mí.

La única forma de deshacerse de las toxinas es liberándolas, tal cual. La forma en que las liberamos depende de qué tan duras y tóxicas son. La liberación y la sanación implican una limpieza profunda, comenzando desde el interior. Lo que significa que cualquier suciedad y porquería que hay dentro de tu cuerpo necesita y tiene que salir. Llorar, la diarrea, el agotamiento físico, la ansiedad, el acné y los problemas de la piel, las náuseas y los resfriados son sólo algunas de las formas en que se limpia y se sana el cuerpo.

La sanación implicó hacer muchos giros y cambios en mi estilo de vida, desde mi dieta y actividad física, hasta aprender a respirar y a meditar *—una práctica que nunca había hecho y sobre la que siempre fui muy escéptica.* Dentro de mi proceso de recuperación aprendí a escuchar tanto a mi cuerpo, que ahora entiendo y sé por qué ocurren ciertos dolores y síntomas. Me volví extremadamente perceptiva, intuitiva y consciente de todo lo que sucede en mi entorno.

Para llegar a este punto de equilibrio energético-espiritual, tomé no sólo terapias holísticas *—como reiki con grandes cantidades de en-*

tregas de las energía más fuertes— sino que requirió terapia física y emocional, agregando yoga y meditación a mi régimen con respiraciones específicas que permitieron que la energía fluyera de mejor forma y así apoyó el proceso de regeneración.

TENÍA QUE HACER LO QUE FUERA NECESARIO PARA RECUPERAR MI SALUD Y MI VIDA.

Fueron necesarios muchos cambios en mis hábitos alimenticios, lo que implicó escuchar a mi cuerpo y comer bajo demanda, con horarios establecidos, pero simplemente dándole a mi cuerpo lo que pide y necesita. Siempre he tenido un estilo de vida saludable —*de hecho, era demasiado saludable*— y hoy, puedo comer de todo porque sé cuándo mi cuerpo lo necesita —*aunque generalmente es comida sin conservadores*—. También sé cuando detenerme y no me privo de nada —*especialmente después de renunciar a muchos alimentos por mis cirugías maxilares o por las sensibilidades alimentarias que desarrollé en el pasado*—, al mismo tiempo, poco a poco, regresé a bailar y a tomar entrenamientos más extremos. Ahora entiendo los beneficios de cada tipo de ejercicio, desde yoga hasta trotar, nadar, bailar, tenis...

Escalar esa montaña tomó muchos años de trabajo, mucha introspección, para sanarme desde adentro hacia afuera. Tuve que luchar contra mis demonios y aprender a controlarlos. Aprendí a ser consciente de mis pensamientos, palabras, acciones y sentimientos, y encontrar un equilibrio entre ellos —*el balance perfecto según la cultura y medicina oriental: Ch'i/Qi.* Es curioso cómo nadie ve lo que hay en la parte inferior del iceberg, por lo general la gente piensa que llegar a la cima y alcanzar el éxito es un camino fácil o, simplemente, mera suerte.

Nadie alcanza el éxito por sí mismo. Se necesita un sistema de apoyo, amigos, contactos... alguien que te eche la mano. Claro, uno toma la decisión de moverse por el camino, pero siempre hay alguien que va a apostar por ti, te apoyará, te guiará y extenderá una mano...

ESTAS SON LAS PERSONAS QUE NUNCA DEBES OLVIDAR PORQUE ESTÉN O NO AÚN EN TU VIDA, ALGUNA VEZ ESTUVIERON JUNTO A TI PARA LLEVARTE A DONDE ESTÁS HOY PARADO.

—March, ¿sabes de qué me acuerdo? Un día te marqué, durante esa época y te pregunté cómo estabas, como normalmente uno lo hace por el teléfono, y me contestaste: "Mal, no sé qué tengo pero me siento muy mal", y de verdad en ese momento no supe qué hacer o cómo contestar, nunca esperas esas respuestas —dijo Diego, uno de mis mejores amigos en el mundo.

La cosa es que realmente yo estaba muy mal y no tuve de otra más que decir la verdad; ya no lo podía esconder, pero lo importante de esta anécdota es que Diego me dijo años después:

—Eso es lo que me gusta, que me tengas la confianza, porque esos son los amigos y para eso estamos.

Después de enterarme de lo que había detrás de esta retorcida verdad, pensé que nadie creería en mí. Era un tema tabú y fuera de este mundo. Sin embargo, mis verdaderos amigos estuvieron a mi lado sin soltarme, y aunque fueron muy pocos, al ver cada parte de mi proceso, siempre me creyeron y nunca dudaron.

Del mismo modo, cada persona en mi *equipo estrella* no sólo tiene una especie de sensibilidad y dones increíbles, sino que todos tienen gran corazón. Creo que **todos fueron un regalo del cielo** —*trabajadores de luz.* Estoy eternamente agradecida por cada uno de ellos, principalmente porque sin ellos, tengo la certeza, hoy no estaría viva.

Un día le pregunté a mi sanadora V, ¿por qué sobreviví y muchos no? ¿Por qué mi cuerpo nunca se rindió por completo después de tantos intentos en los que Lora quería verme muerta? Porque todos los años sentí que mi cuerpo se rendía, pensaba, *este es el momento, llegó la hora*. Asimismo, sé que hay casos como el mío, situaciones en las que no es sólo una enfermedad en la que tienes que pelear tu batalla y salir adelante, sino que tienes a alguien observando cada uno de tus movimientos y no importa cuánto peleas, ellos controlan tu vida, te bloquean y están listos para derribarte una y otra vez.

—Sí, hay muchos casos parecidos. Pero así de graves como el tuyo, sólo conozco dos, la diferencia es que nunca te rendiste. Tu voluntad de encontrar la raíz del problema fue más grande que cualquier otra cosa. Siempre escuchaste a tu voz interior que te decía que algo no estaba bien a pesar de que nadie a tu alrededor creía en ti. Cuando nadie hacía nada para ayudarte en el momento en que más lo necesitabas, tú seguiste luchando, empujando límites y abriendo caminos. Creíste y dejaste que Dios lo manejara, dejaste que la fe entrara incluso en tus puntos más bajos —respondió V.

Igualmente, los miembros de mi *equipo estrella* me dijeron que desde el principio yo era el alma que estaba en mi familia para iluminar su camino y guiarlos a lo largo de su viaje de vida. Yo era la que estaría aquí para protegerlos; era la forma en que se suponía que debía suceder la profecía. Básicamente, absorbí toda la energía tóxica y el mal que se suponía que los lastimaría. Por lo tanto, fui la que más lo percibió y la que más sufrió en todos los niveles, porque yo era quien podía manejarlo y soportarlo *—Lora tenía que derribarme a mí primero para luego derribar mi familia—;* estuvo escrito por lo Divino todo el tiempo.

Algo importante a tener en cuenta es que ninguno de los sanadores, chamanes, médiums y personas que conocí a lo largo de mi trayecto se conocían, platiqué con al menos una docena de ellos, y aun así, todos vieron y me dijeron exactamente lo mismo; era sobrenatural.

NO TE DAS CUENTA DE LO FUERTE QUE ERES HASTA QUE PELEAS TU BATALLA...

Una batalla en la que tienes que reunir cada célula de tu cuerpo, cada pequeño grano de fe y todo de lo que estás hecho, hasta que **te das cuenta de que la fuerza va más allá de tu cuerpo físico... pues está dentro de ti.**

Nunca vi venir que este gran episodio me enseñaría las lecciones más importantes de mi vida, las cuales me convertirían en la mejor versión de mí. A través de mi proceso de sanación y de volver a escalar esta gran montaña, sentí como si muriera unas cuantas veces y renaciera regenerada. Luché con cada célula de mi ser para recuperar mi vida, para volver a ser yo. Fue increíblemente difícil, no sólo de explicar a nivel terrenal a las personas que me rodeaban, sino que tuve que reunir toda mi paciencia, toda mi fuerza, mi resistencia y lo poco que me quedaba de todo lo que había perdido y recuperarlo todo de nuevo.

Como un fénix, de repente sentí que a medida que pasaban los días y los meses, comencé a resurgir de las cenizas, a tomar las riendas de mi vida y comencé a vivir de nuevo. Hice mi pintura *Begin Again* que representa lo que ahora sé que sucede después de librar las batallas más duras y sobrevivir: transformación, renovación, renacimiento y poder.

El FÉNIX *DEBE ARDER* PARA EMERGER.

—JANET FITCH

SUERTE LA MÍA

A VECES TIENES QUE FALLAR, TOCAR FONDO, PERDER LA FE, INCLUSO PERDERTE PARA DARTE CUENTA DE LO QUE REALMENTE ESTÁS HECHO. Y ENTONCES, GANAS FUERZA, RECUPERAS LA FE, TE REINCORPORAS, Y LLEGAS AL ÉXITO.

¿Cómo puedo describir mejor a la bruja Lora?

Ella era ese miembro de la familia que a nadie le caía bien. Siempre fue maleducada, presumida, cínica, destructiva, codiciosa, ventajosa y simplemente grosera. Por ejemplo, en la mesa, nunca saludaba a mi mamá *—ni a mi hermana—* y siempre que se encontraba en su camino, la ignoraba, pero saludaba al resto de la gente que estaba sentada. De verdad se creía la mejor mujer del mundo y la más merecedora. Creía que tenía el esposo más guapo y los hijos más hermosos. Era extremadamente hipócrita y su sentido de superioridad era algo fuera de este mundo. Nadie, y de verdad, *nadie* podría ser mejor que ella de ninguna manera.

Creció en una familia extremadamente disfuncional, donde su madre le mostró que la forma de conseguir lo que quisiera era a través de la magia negra, o siendo ventajosa y gandalla. Como la definieron el sacerdote, el médium y otros sanadores: *Lora es un alma oscura y mala desde que estuvo en el vientre de su madre.* Así de perversa y fría era. No le importaba lo lejos que tenía que llegar para salirse con la suya y alcanzar su objetivo *—el cual era conseguir todo el poder y el dinero.* Se convirtió en una escaladora social incesante y logró abrirse camino en la familia por interés en el dinero de mi tío desde el momento en que lo vio. Mi abuelo era un empresario español que se estableció en Guadalajara y fue pionero en el negocio familiar. Era un hombre elegante, firme y respetado que logró hacer dinero y construyó un gran legado que sus hijos acrecentaron después de su fallecimiento, y Lora no iba a perder una oportunidad en ello.

Yo no podía entender por qué su nivel de celos y odio hacia mí eran tan profundos hasta desear mi muerte. Tenía una familia hermosa, con bienestar, pudiente y, desde un punto de vista externo, lo tenía todo, pero simplemente esto no era suficiente para ella.

Ella lo quería todo y además tenía ese tipo de obsesión por ver a todos fallar y caer en la ruina para que luego ella pudiera estar en la cima del mundo y tener el poder. En algún momento de mi vida, otra de mis tías me dijo: "Sabes, Marce, hace mucho tiempo cuando ustedes estaban pequeños, ella mencionó: *Vas a ver, un día mis hijos van a ser dueños del negocio familiar y todo será nuestro.* ¿En qué estaba pensando?"

Yo sólo estaba reuniendo toda la información en mi cabeza y luego, todo tuvo sentido. Poco a poco le fueron pasando cosas a cualquier familiar que pertenecía al negocio; quería sacar y terminar con todos. Quería todo el dinero y todo el poder.

Mientras yo visitaba a las personas mágicas que me guiaron *—ya que por un tiempo mis hermanos y mi papá también seguían teniendo problemas y contratiempos inexplicables—*, nos dijeron que había embrujado a toda mi familia, pero créeme, esa parte de la historia merece un libro completo.

Un día en la boda de una prima, recuerdo a Lora observándome todo el tiempo. Cuando llegó la noche, justo cuando me iba del evento, una señora muy linda que conozco y que estaba hablando con Lora me detuvo y comenzó a elogiar mi trabajo y mi carrera; me felicitó y me dijo que le encantaban mis pinturas y que estaba muy contenta de ver que mi trabajo era un éxito.

En cuanto yo iba a responder, Lora, quien estaba allí en medio de la conversación, de repente se agitó el cabello como de costumbre y me dio la espalda con inmensa indiferencia. Ella simplemente se quedó allí parada dándonos la espalda, mirando a nadie *—no había nadie alrededor, sólo éramos nosotras tres—*, la mujer me miró con asombro y yo simplemente sonreí y seguí adelante.

Verás, ella verdaderamente me odiaba con todo su ser. Meses más tarde, mientras compartía esta anécdota específica con V, me dijo:

—Por supuesto que fue despectiva y grosera. Ella esperaba que para ese momento ya estuvieras muerta, enterrada hasta el fondo en una tumba, pero en cambio emergiste de las cenizas, más fuerte y mejor de lo que ella esperaba. Se estaba retorciendo por dentro al ver que lo que hizo no funcionó como esperaba.

Experimenté muchos momentos como esos que me demostraron lo mucho que ella realmente quería verme marchitar y decaer. Años atrás la veía en su mejor momento, caminaba con la cabeza en alto como si estuviera cinco escalones por encima de uno en superioridad, poder y seguridad. Pero para el verano del 2019, noté que todo comenzó a cambiar.

Estábamos en un viaje en Moscú que duró alrededor de una semana. Durante el primer cóctel de bienvenida, mientras platicaba con algunos amigos, la vi caminar hacia mí. En cuanto se encontraron nuestras miradas, ella se detuvo abruptamente a unos diez metros de distancia; se veía asustada. Caminó a mi alrededor para rodearme, pero no se acercó a más de tres metros de mí; de verdad se veía nerviosa y asustada. Ahí, supe exactamente por qué: Ella sabía que yo era consciente de cada uno de sus actos y veía claramente que no me estaba muriendo. No, ya no me estaba rindiendo, al contrario, estaba luchando. Me estaba levantando, lista para enfrentarla si era necesario. **Ya no tenía miedo.**

ALGUIEN QUE UNA VEZ AMÉ
ME DIO UNA CAJA LLENA DE OSCURIDAD.
TARDÉ AÑOS EN COMPRENDER QUE ESTO,
TAMBIÉN, *FUE UN REGALO*.
—MARY OLIVER

Me tomó mucho tiempo dejar ir el miedo que me perseguía al no saber qué más haría y qué tan lejos llegaría para agredirme. Al mismo tiempo, lo que más me costó entender fue que su hijo mayor no sólo era mi primo, sino que fue mi mejor amigo desde que teníamos catorce años.

¿Significaba que él sabía de esto todo este tiempo?

Ahora puedes entender la magnitud de la traición que sentí de su parte. Todos estos años nuestra amistad fue falsa y me estaba usando.

Él es tres años mayor que yo. Pasábamos todos los fines de semana juntos, incluso cuando se mudó a Estados Unidos años después, yo lo visitaba cuando podía y, cuando él visitaba Guadalajara, dedicaba un tiempo especialmente para mí. Así de cercanos éramos. Nos contábamos todo *—o eso pensé—*, se tomó muy en serio eso de "mantener a tus enemigos más cerca".

Erick, mi primo, se casó con un hombre curador de arte muy bien conectado. Yo era una artista que apenas empezaba y él era mi mejor amigo, así que pensé que me ayudaría a abrirme algunas puertas en el mundo del arte. Después de todo, siempre se trata de establecer contactos, ¿y no se supone que son para eso los amigos?

—Lo siento, March, no creo que pueda ayudarte. Él no trabaja con tu estilo de arte, no sería de mucha ayuda.

Su esposo trabajaba meramente en el estilo contemporáneo, perfecto para mi estilo, pero esa fue su respuesta. Poco sabía que él estaba ingresando al mundo del arte *—cuando ni siquiera era un artista—* con la ayuda de su gran esposo curador. Luego, recapitulé y me di cuenta de que yo me había convertido en su competencia y en una amenaza para él como artista, por lo cual decidió no extenderme una mano.

Había estado actuando muy extraño y distante conmigo durante un tiempo, así que hablé con él con ganas de aclarar el asunto. Aunque me afirmó que no había ningún problema entre nosotros, la siguiente vez que lo vi después de unos meses de haber estado viviendo en el extranjero, literalmente me volteó la cara, mientras yo levantaba la mano para saludarlo. Todavía me acuerdo de la blusa rosa brillante que usé ese día, y el espacio de la oficina que no era grande en absoluto. Curiosamente, minutos después me pidió ayuda y consejos en el tema del arte.

Aquí está el parteaguas, cuando vio que yo estaba entrando en el mundo del arte por mi esfuerzo, por mi trabajo y mi mérito, pudo ver que lo estaba logrando y que estaba bien conectada. Y, ¿sabes qué?, por lo general ayudo a cualquiera, pero esta vez, puse mi pie firme y no dejé de lado la hipocresía. No puedo soportar a las personas doble cara hasta el día de hoy; no está en mi sangre.

Después de un tiempo, noté que Erick había cambiado. Se convirtió en una persona que nunca creí que fuera capaz de ser. Era arrogante, egoísta, grosero, de corazón frío... Incluso las personas que tenemos en común lo vieron.

Perderlo a él, su amistad, alejarlo de mi vida para siempre y dejarlo ir, rompió mi corazón y me destrozó de maneras indescriptibles. Era una persona que estaba segura de que estaría en mi vida para siempre y lo amaba demasiado. Honestamente, esta pérdida me pesó mucho y me costó aún más tiempo para sanar.

La ironía de todo esto es que el hijo de Lora, que en un momento fue mi mejor amigo, **también fue mi clave para descubrir toda esta cruel verdad.**

¿Recuerdas la historia que te conté en el capítulo *Estancada* sobre alguien que quería un tatuaje de un rinoceronte? Él era quien quería el tatuaje, mi primo Erick, él fue la razón por la que hice mi primer dibujo; el que dio vida a toda mi carrera como artista. Al mismo tiempo, fue él quien me recomendó el médium que me llevó a mi terapeuta, la cual me llevó a Arny, el único médico que me dio un veredicto en mis momentos de desesperación. En cuanto partimos caminos, mi salud y bienestar comenzaron a mejorar mágicamente de manera significativa.

Perdonar y dejar ir

Después de descubrir cada gota de esta cruel verdad que iba saliendo a la luz a medida que pasaban los meses y los años, el peso era casi insoportable. No podía comprender todo el odio y los malos deseos que me arrojaban estas personas que fueron parte de mi familia *—decidí que no los quería como familia y corté los lazos sin mirar atrás—* y mucho menos entendía la razón detrás de todo esto.

Sabía que tenía que hacer algo para dejar ir esa pesadez tan grande de odio, rencor, ira, venganza, resentimiento... y de tantos malos sentimientos que se acumulaban al mismo tiempo y que me estaban matando lentamente.

Perdonar y olvidar, sin duda es más fácil decirlo que hacerlo. Escucho y leo sobre eso todo el tiempo, pero no lo tenía en mí hasta que comencé a escribir un día en mi diario y luego me di cuenta de que mi cuerpo lo estaba pidiendo.

APRENDER A PERDONARLOS A AMBOS FUE UNA DE LAS COSAS MÁS DIFÍCILES QUE HE TENIDO QUE HACER.

Durante años, pensaba constantemente en todo lo que Lora me quitó: cada momento perdido, los terribles recuerdos que sucedieron y que me perseguirían para siempre. Cada historia de amor que pudo tener un final feliz y que pudo ser para mí. Todas las noches que pasé encerrada sin salir de mi recámara. Cada segundo que mi cuerpo físico no podía soportar un momento para salir con alguien —*especialmente durante mi plena juventud*. Seguía reviviendo cada segundo de dolor y sufrimiento, cada noche de soledad, cada lágrima... Hasta que me di cuenta de que estaba agotando la poca energía que me quedaba; entonces llegó el momento más grande y verdadero de todos:

Gracias a ella, soy quien soy hoy. Una mujer que siempre quise ser, pero nunca sabía cómo llegar allí. Honestamente, nunca lo esperé. Ella quería destruirme y, sin embargo, renací más fuerte, más grande y mejor que nunca en todos los sentidos posibles.

Esta es la cuestión: perdonar no se trata de ir físicamente con esas personas que te han lastimado y hablarles cara a cara. Se trata de un perdón interior, perdonarse a uno por sentir y por tener esos pensamientos tan oscuros. **Se trata de permitirte bendecir el pasado, agradecer todo lo que sucedió y dejarlo ir para avanzar un paso más en tu viaje de esta vida**; crecer en significado y entendimiento, y así, avanzar a un mejor lugar.

DEBES PERDONAR PORQUE ESTO ES SÓLO PARA TI Y POR TI, NO PARA NADIE MÁS, ES PARA QUE NO TE LASTIMES MÁS Y PUEDAS LIBERARTE DE ESE DOLOR QUE TE HA ESTADO ATORMENTANDO DURANTE TANTO TIEMPO.

La forma en que funcionó para mí fue escribiendo cartas de perdón en las que dejé ir cada sentimiento pesado que me estaba atormentando durante tanto tiempo.

Empecé a escribir páginas como nunca antes durante mi proceso de sanación. Descubrí que escribir me permitió soltar cada uno de los sentimientos, ya que no había nadie con quien realmente pudiera hablar, ni nadie que lo comprendiera completamente —*aparte de mi sanadora*—, necesitaba una forma para liberar cada pensamiento.

Mientras escribía una carta dirigida a Lora, me di cuenta de cuánto lo sentía por ella. Sentí lástima por su alma tan manchada y tan oscura porque nunca conoció y nunca sintió verdadero amor; ella nunca amó verdaderamente a nadie ni a nada.

Escribí alrededor de seis cartas con varias páginas para cada persona que me lastimó o me traicionó en el pasado y, en ese momento, supe que no me correspondía a mí vengarme o manipular su destino y su karma. Hay una fuerza más grande allá afuera que se encarga de ello porque energéticamente **todo lo que sale, regresa, y la justicia eventualmente aparece para bien o para mal.** Decidí mejor centrarme en mi propia salud, en mi bienestar y felicidad. Necesitaba concentrarme en recuperar toda esa energía perdida desde hace tanto tiempo y recuperar mi vida de nuevo.

Tantas cosas pasaban por mi mente cuando comencé a escribir y ahora quiero compartir contigo una carta de agradecimiento que le escribí a Dios y al Universo después de que finalmente vi la luz y durante uno de mis días buenos, porque la verdad es que **hasta que toqué fondo, comencé a darme cuenta de lo que realmente se trata la vida.** Hasta que aprendí a perdonar, bendecir y dejar ir, entendí lo importante que había sido este gran episodio de mi vida.

24 de julio de 2018

Dios mío, ahora, más que nunca después de los problemas, las batallas y las dificultades por las que he pasado —porque sólo TÚ sabes que viví en el infierno y regresé a la vida— *después de todos estos tiempos difíciles, me siento como una mujer única en la vida. Llegar AQUÍ, a este momento, me costó mucho; me tomó todo lo que tenía: mi salud, mi cuerpo, mi mente, mi alma, mi fe... Hubo muchas lágrimas, hubo mucho sufrimiento en muchos, muchos niveles. Toqué fondo más de una vez. Fue la experiencia más terrible que he vivido; algo que verdaderamente deseo que nunca le pase a nadie.*

Este gran episodio de mi vida es lo que me convirtió en la mujer que soy hoy; una mujer de la que estoy realmente orgullosa. Hoy siento que estoy llena de poder, talento, gran energía y, lo más importante, un enorme conjunto de valores morales que deberían significar mucho hoy en día.

En este momento, me considero AFORTUNADA por haber pasado por ese período de mi vida. Diez años que pensé que estaban tirados a la basura se convirtieron en las lecciones más grandes e importantes de mi vida. Afortunada porque descubrí una espiritualidad que nunca supe que existía en esos niveles y que nunca pensé que obtendría. Afortunada porque hoy aprecio hasta las cosas más pequeñas. Afortunada porque la valentía y la fuerza con la que vivo mi día a día son extraordinarios, y afortunada porque hoy estoy más presente que nunca. No sólo es esta la mejor versión de mí, sino que me siento 100% sostenida por ti, Dios, por el Universo, lo Divino.

Gracias, Dios, por las cargas que me sobrepusiste porque me convirtieron en la versión más grande, más fuerte, más poderosa, mejor y regenerada de mí.

Gracias porque me guiaste a las personas claves que me trajeron de vuelta a la vida, mi equipo estrella. Por primera vez en mucho tiempo, YO SOY OTRA VEZ.

—March

Después de esto, de repente, un día dejé de sentir algo respecto a Lora, su familia, sus hechos o sus traiciones, no sentía nada. No les deseaba el mal, no me daban lástima, no me daba gusto saber que eventualmente el karma vendría a cobrarles... Absolutamente nada. En ese momento supe que había dejado lo más difícil atrás.

PUEDES DOBLARTE HASTA ROMPERTE,
ES TODO LO QUE PUEDES SOPORTAR
DE RODILLAS, MIRAS HACIA ARRIBA

DECIDES QUE HA SIDO SUFICIENTE,
TE ENOJAS, TE FORTALECES,
TE LIMPIAS LAS MANOS, TE SACUDES
Y ENTONCES, *TE LEVANTAS*.

—RASCAL FLATTS ("Stand")

EL UNIVERSO HABLA

A estas alturas ya sabes que soy católica. Asistí a una escuela privada católica para mujeres desde que tenía tres años hasta la preparatoria. He rezado desde que era niña. Siempre fui una niña de fe *—o eso pensé—* hasta que descubrí un mundo más grande y más allá de la religión.

No fue sino hasta la universidad que escuché por primera vez las palabras *despertar espiritual*. Para ser honesta, no tenía ni idea de lo que significaban. Hubo momentos en los que pensé que lo estaban inventando, o que tal vez era un término utilizado sólo por monjes y personas que pasaban tiempo en el Tíbet meditando durante meses, o por personas que viajaban a solas como en la película *Come, reza, ama*. Hoy me da pena admitirlo, pero era ignorante en el tema y déjame decirte algo, creo que ser ignorante en el mundo de hoy es algo terrible.

SIEMPRE HAY OPORTUNIDADES Y FORMAS DE APRENDER PARA SER MEJORES. SIN EMBARGO, DECIDIMOS CREER QUE YA SABEMOS LO QUE NECESITAMOS SABER.

Éste es el error más grande, no importa cuánto creas que ya sabes, siempre puedes aprender algo nuevo, y si ya sabes casi todo sobre un tema específico, siempre hay una perspectiva diferente con la cual ver el asunto. Siempre debes preguntarte: *¿Qué puedo aprender de esto?* Créeme, **siempre hay una joya escondida esperando a que la descubras.**

EL UNIVERSO SIEMPRE CONSPIRARÁ PARA GUIARTE HACIA SOLUCIONES DEL MEJOR BIEN *CUANDO TE ABRES* PARA RECIBIRLAS.

—GABBY BERNSTEIN

Voy a contarte una breve historia sobre mi primer indicio en el que el Universo comenzó a manifestarse.

Siempre que escuchaba historias relacionadas al tema, decidía no creer porque en verdad yo pensaba, *en serio, ¿cómo puede hablarte el Universo?,* era una tontería para mí. Por supuesto, en ese momento no pensé mucho en la situación hasta que leí *El universo te cubre las espaldas* de la líder espiritual, Gabby Bernstein. Un libro que una de mis mejores amigas me recomendó, justo después de contarle ciertas coincidencias y sincronicidades muy extrañas que me estaban pasando.

En el 2017, viajé unos días a Nueva York. Cuando esperaba mi vuelo de regreso a Guadalajara desde el aeropuerto La Guardia, caminé alrededor de la pequeña terminal. Era tan pequeña que tenía una cafetería, un lugar para comer y una librería. Como tenía algunos minutos de sobra, entré en la librería para ver los libros; había estado pensando en tomar un curso de negocios, así que me dirigí hacia los que estaban relacionados con el tema. Mientras miraba a mi alrededor, agarré un par de libros sobre emprendimiento y, al mirar hacia abajo, vi otro que me llamó mucho la atención. Era una portada hermosa, limpia y texturizada que simplemente emanaba serenidad y el título decía *The Wisdom Of Sundays: Life-Changing Insights from Super Soul Conversations* de Oprah Winfrey.

Me encanta Oprah, había leído uno de sus libros y me fascinó, pero de alguna manera, éste era diferente. Claramente, había estado viviendo bajo una roca los últimos años, tanto que nunca oí hablar de las conversaciones de *Super Soul* que ahora me encantan. Miré alrededor de la tienda para ver si podía encontrar más libros de Oprah, y más como este libro en particular, pero no había ningún otro. Sólo había uno y era el que tenía en mis manos. Decidí quedarme con el libro de Oprah y uno de los libros de negocios. Llegué al mostrador y la cajera marcó el libro de Oprah *—bip—*, luego el segundo libro, el único por el que realmente entré a la tienda, y el código no funcionó. Entonces, ingresó el código manualmente y nuevamente, no se procesó. Le di mi segunda opción; un libro sobre el espíritu empresarial y de nuevo, no funcionó.

¡Mmm… Qué raro!

Vi mi reloj y ya era hora de abordar, tenía que correr hacia la puerta de embarque, así que decidí pagar por el único libro que pasó por el sistema. Corrí hacia mi puerta y cuando me acomodé en mi asiento, pensé que simplemente era una cosa extraña que acababa de suceder. Abrí el libro y lo primero que leí fue la palabra… *Despertar.*

¡Qué raro! Esto es justo lo que he estado escuchando y pensando, qué casualidad. ¡Qué suerte, era el único libro en existencia y me lo que-

dé!, pero, ¿por qué no pasó el otro libro?, había al menos veinte de ésos y ninguno como éste.

No fue suerte y no fue una coincidencia que este libro llegara a mí. Estoy segura de que si también hubiera comprado el segundo libro, lo habría leído primero y me habría enfocado en el tema empresarial y de negocios antes de establecer mi camino espiritual de una vez por todas.

Mientras leía este libro, identificaba mi trayecto de vida con cada capítulo, era algo impresionante. Justo después de leerlo, me di cuenta de que había vivido un despertar espiritual masivo y yo no tenía un gramo de idea; no lo vi venir. Sí, es verdad que me sentía muy diferente. Me sentía transformada en todos los sentidos. Sentía una sensación de apoyo de la fe, de Dios y del Universo, algo diferente a todo lo que había sentido antes, pero nunca le puse un nombre hasta que leí este libro.

Unas semanas después de darme cuenta de este gran descubrimiento, estaba platicando con dos de mis amigas, una de las cuales siempre hace preguntas intensas sobre la vida y siempre está preguntándose sobre la espiritualidad y la vida misma.

—¿Saben qué es lo que más quiero en este mundo? Quiero experimentar un despertar espiritual.

A lo que yo respondí:

—Creo que yo ya tuve el mío, y hasta donde yo sé, no es un viaje placentero llegar a este punto.

Eso fue lo que le respondí porque, aunque ella no tenía idea de mi experiencia y de lo que había vivido, era lo que yo sabía. Experimentar una vida despierta, consciente, iluminada y plena no fue un camino fácil ni un lecho de rosas para mí, y creo que tampoco lo ha sido para cualquiera que haya llegado a ese punto.

LA VIDA VA A PRESIONAR TUS BOTONES MÁS PROFUNDOS HASTA QUE SANES POR COMPLETO.

Todos tenemos nuestras propias batallas, algunas más duras que otras. **Estas son las batallas que te llevarán a la aventura más importante de tu vida.** Te llevarán a la mayor recompensa que puede existir que es estar presente, consciente y vivir plenamente guiado siempre hacia el amor. A mi manera de ver, estas lecciones las atraviesas personalmente o colateralmente a través de alguien, cuyas batallas pueden afectarte tanto, que llegas eventualmente a este punto en el camino. O lo haces al estilo tibetano, y entonces emprendes el gran viaje de la consciencia y la plenitud por tu propia cuenta.

Señales

Cuando visité Londres por primera vez en el 2016, después de mi primera cita con Rossy, me acuerdo que comencé a notar pequeñas sincronicidades. Empecé viendo el muy aclamado *11:11* de vez en cuando durante la semana. Más adelante, lo veía hasta dos veces al día, al menos todos los días.

Algunos dicen que es una cosa mental y que subconscientemente conectas tu cerebro para ver estas cosas a propósito, pero créeme, esto era algo fuera de este mundo. Al menos cinco veces cuando encontré el *11:11* en mi reloj, se mantenía atascado durante más de un minuto y saltaba directamente a las *11:13* o incluso *11:14* después de un tiempo.

Decidí buscar en Google los significados y encontré miles de respuestas, todas explicando lo que significaban las sincronicidades numéricas y detallando lo que ésta significaba en específico: *estás en el camino correcto, estás siendo observado, guiado y protegido por tus ángeles.* **Decidí creer.**

APRENDE A OBSERVAR.
TEN EN CUENTA QUE *TODO*
SE CONECTA CON TODO LO DEMÁS.
—LEONARDO DA VINCI

Después de vivir tales experiencias, aprendí que Dios, el Universo o el Ser Superior se manifiestan a través de señales y nos guían constantemente; **sólo es cuestión de estar alerta y estar abierto para recibirlas.**

Cada vez que veía un *11:11,* sentía una sensación de consuelo y paz al saber que finalmente estaba encontrando la salida de ese agujero sin fin. En cuanto dejé que el Universo guiara mi camino, encontré la puerta a mi recuperación y mi libertad.

El Universo siguió manifestándose de formas sin precedentes, con señales que he visto durante tanto tiempo y algunas más que se han ido sumando a la cuenta, ya platicaré de ellas.

ENTENDER ESTO FUE UN PROCESO DIFÍCIL HASTA QUE APRENDÍ, CONFIÉ, DEJÉ IR Y, LO MÁS IMPORTANTE, DECIDÍ CREER.

Cuando digo que me sentía como si estuviera constantemente esquivando cuchillos y balas lo digo en serio. Era 2019, había estado en varias sesiones de sanación con mis diferentes guías y mentores y, sin importar los muchos contratiempos que experimentara, todos seguían diciendo: "Lora no se detendrá pronto, pero no tienes nada de qué preocuparte. Tú y tu campo energético están muy protegidos ahora. Confía en que tus ángeles de la guarda también te vigilan las 24/7". Si soy franca, el hecho de que Lora no se rindiera tan pronto era irreal para mí, pero como he vivido para verlo todo, ya nada me sorprende.

En noviembre de ese año pasó algo realmente espeluznante. Tenía la intención de ir a la farmacia a comprar algo que necesitaba y había dejado pasar una semana entera. Pero un día mientras estaba sentada en el sillón, en el mismo lugar en el que había estado todo el día anterior, me acordé: *Debería ir ahorita, pero mejor me voy a esperar tantito. Voy a las 5:00 de la tarde.*

Arriba de este sofá hay un tragaluz de vidrio que ilumina la habitación. Ese día, alrededor de las 4:00 de la tarde, algo me causó un sobresalto y pensé: *no, mejor voy de una vez para no perder tiempo.* Así que me levanté y me fui.

En cuanto me salí de la casa, mi hermana escuchó un ruido potente, estremecedor, pero como estaba en otra habitación no supo exactamente de qué se trataba. Luego de veinte minutos, cuando regresé a sentarme en mi lugar, vi pedazos de vidrio en el sofá, en el lugar en el que había estado sentada tan sólo unos minutos antes. Además, noté un trozo de vidrio muy grande y extremadamente afilado en forma de triángulo y sentí escalofríos. Si me hubiera esperado hasta las 5:00 de la tarde, habría estado sentada justo allí, donde salió disparada esa pieza de vidrio afilada y hubiera abierto mi cráneo; fue verdaderamente perturbador.

Mi casa está ubicada al lado de un campo de golf, donde las pelotas de repente golpean mi jardín, y a veces mi casa, pero nunca esa área. Ese día le envié un mensaje de texto con las fotos y un video a mi sanadora y simplemente dijo:

—¿Ahora me crees cuando te digo que estás completamente protegida de cualquier daño que venga de ella? Cree y confía.

Después de ese día, no sólo se me ocurrió un ejemplo perfecto para mi analogía de "cuchillos y balas invisibles", sino que creí completamente que mis ángeles me habían estado cuidando y que mi campo energético sin duda estaba siendo protegido.

No sé por qué me esperé tanto para comprar lo que necesitaba en la farmacia. No sé por qué decidí ir ese día en específico, mucho menos por qué tuve la repentina sensación de salir de casa cuando había decidido salir hasta las 5:00 pm, pero lo que sé es que **estas son las cosas pequeñas que a veces no vemos como milagros,** como intuición y guía de Dios y el Universo. Esta anécdota específica me lo dejó todo muy claro.

Yo nunca he sido devota de algún santo en específico, simplemente rezaba y le pedía a quien pensaba que podía ayudarme en esa situación en particular, ya fuera Dios, el Universo o mi abuela Pupy... A veces les pedía a todos ellos al mismo tiempo, pero un día durante uno de mis puntos más bajos de mi recuperación, mientras meditaba comencé a llorar. Estaba cansada y desesperada de todo, de no ver una respuesta clara, de concentrar gran parte de mi vida y energía en mi salud y bienestar. Cansada de concentrar tanta energía en estar protegidos como familia, ya que constantemente estabamos siendo atacados por Lora. En ese momento, con cada gota de fuerza, fe y convicción que tenía, dije en mi mente:

Por favor, Dios mío, dame una señal clara de que todo esto va a terminar pronto; una señal de que en verdad estoy en el camino correcto y que mi vida cambiará para siempre y para bien. Que mi nuevo capítulo comenzará, un capítulo lleno de felicidad, amor, salud, abundancia y providencia divina. Uno donde finalmente podré vivir y disfrutar cada segundo.

Una sola señal, Dios; hoy antes de la medianoche. No sé qué será, pero lo sabré cuando la vea. Así de clara tiene que ser esta manifestación. Gracias por escucharme y por darme este regalo el día de hoy. Necesito saber que todo estará bien; necesito saber que yo estaré bien.

Abrí los ojos y pasé el día como normalmente lo hago. Después de la cena, mis hermanos y yo fuimos a la sala de televisión a ver una película y terminamos alrededor de las 11:00 de la noche. Mientras caminamos hacia la sala de estar, mi hermana se detuvo abruptamente y miró algo con asombro. Tartamudeando un poco dijo:

—Oigan, ¿ven... Ustedes... Ven lo que yo estoy viendo o estoy loca?

Cuando observé de cerca, también me impacté. Justo encima de la barra, donde hicimos un pequeño altar casero y donde prendíamos velas constantemente con una pequeña imagen de la Virgen María y una cruz *—como parte de nuestra esperanza de protegernos de todo el daño que Lora nos hacía—* se vislumbraba una imagen enorme en la pared.

Era la silueta de la Virgen María como si estuviera de pie desde la barra; una silueta de al menos un metro con veinte centímetros de altura. ¡Era enorme y era irreal, fue impresionante!

En el momento en que la vi, no lo podía creer *—nadie en mi familia podía creerlo—*, se me puso la piel chinita y el primer pensamiento que me vino a la mente fue, *tu señal.* **Esta era la señal que había pedido.** Yo fui quien encendió la vela ese día. Fui yo quien oró de todo corazón por una respuesta, y entonces sucedió esto. Sólo les mostré la foto a un par de mis mejores amigos y estaban asombrados.

Asimismo, cuando comenzó el 2021, tuve el sueño más extraño y vívido en el que alguien me decía: "Confía tus oraciones y peticiones a la Virgen María. Ella te mira, te guía y te escucha; ella te respalda. Cualquiera que sea tu necesidad, ella es a quien debes acudir".

No fue una coincidencia. Esta fue una de las señales más claras que he recibido. Una que me llenó de alegría, esperanza y fe, de una manera aún más profunda de lo que conocía.

Parte de mi proceso de ascenso, de levantarme y escalar esa montaña, fueron estas señales del Universo porque cada vez que las veía me daban esperanza, fuerza, y me hicieron creer más en Dios, en lo Divino y en esa gran energía que está ahí afuera. Me han dado muchas respuestas directas tantas veces, y por sorprendente que sea, se ha convertido en mi nueva normalidad. Al mismo tiempo, a medida que he sanado, mi intuición y mi voz interior se han profundizado y sensibilizado.

Todo lo que viví me hizo volver a creer. La fe con la que vivo mi día a día, hoy está en su máximo nivel y se siente increíblemente bien. **Donde hay fe no hay lugar para la incertidumbre y la duda**, simplemente pones tu vida en manos de Dios, el Universo, tus estrellas de la suerte *—lo que sea o en quien creas—* y simplemente te dejas llevar. Ahora, puedes disfrutar del viaje y enfrentar un montón de milagros todos los días.

LA ENERGÍA QUE NOS RODEA

Siempre que escuchaba algo relacionado al tema de las vibraciones o de energía, honestamente pensaba que era una locura; no podía nombrarlo. Todo lo que conocía era mi religión y las bases de la vida. Estos temas de "estar presente y consciente" me ponían ansiosa cada vez que surgían y, por supuesto que era así, yo nunca había tenido una experiencia tal que me hiciera creer lo contrario. Mi vida era bastante "normal" y vivía mis días marcando las casillas que la sociedad esperaba que cumpliera *—o al menos lo intentaba—*, nunca me percaté de que hay mucho más en esta vida y en este mundo.

Este mundo es enorme. Está lleno de miles de millones de seres humanos y lleno de seres vivos, y cada ser vivo en este mundo incluyéndonos a nosotros está hecho de energía. **Todos somos energía y cada uno de nosotros tiene su propio campo energético.** ¡Qué impresionante es esto! ¿No?

No podía creer ni comprender la profundidad del tema y mucho menos cuán imperativas son nuestras vibraciones y la energía que nos rodea dentro de este mundo en nuestra experiencia de vida.

LA ENERGÍA QUE NOS RODEA ES PROBABLEMENTE UNO DE LOS PRINCIPALES ELEMENTOS A LOS QUE DEBEMOS ESTAR ATENTOS CADA MINUTO DE CADA DÍA.

El día que descubrí lo destrozado y dañado que estaba mi campo energético, entendí por qué tantos eventos "desafortunados" me perseguían. Por ejemplo, desde que tengo memoria, cada vez que me encontraba con un perro en la calle, me gruñía, me ladraba y me perseguía —*siempre.*

Un día, cuando era niña, mientras estaba en mi cuatrimoto, pasé junto a un perro. De repente comenzó a perseguirme mientras ladraba y gruñía como loco. Escuchaba como sonaba su mandíbula cuando chocaban sus colmillos al cerrar el hocico buscando morderme; casi podía sentir que me mordía la pierna. Era una calle perpendicular, donde tenía que girar a la derecha o a la izquierda al final de la misma y estaba tan asustada, que en lugar de girar, seguí recto y volé con el vehículo sobre una zanja que tenía alrededor de un metro y medio de profundidad al estilo de *Misión imposible.* Estando a punto de chocar contra un árbol, frené y me detuve justo a tiempo. No pasó a mayores, sólo el susto que se me quedó impregnado por un buen rato.

También recuerdo una vez cuando vivía en Nueva York en el 2012. Estaba junto a la plataforma esperando que llegara el metro, cuando sentí que alguien me observaba. Miré a mi alrededor y había un hombre muy raro observándome casi sin pestañear. Sentí un repentino apuro y mi corazón comenzó a latir más rápido; sabía que tenía que mantener la calma y mantener mi guardia alta. Noté que si me movía a la izquierda, él se movía a la izquierda. Si me movía a la derecha, él se movía a la derecha. Cuando llegó el tren, caminé tranquilamente para entrar en el siguiente vagón. Entré y me senté por ahí, pero entonces noté al mismo hombre sentado justo frente a mí. Él estaba, de nuevo, mirándome fijamente, sólo que ahora me tomaba fotos con su teléfono, así que giré mi cabeza a un lado para que mi cabello cubriera mi rostro. No voy a mentirte, estaba bastante asustada, él no quitaba los ojos de encima de mí; claramente me estaba persiguiendo y me perseguiría a dondequiera que fuera, pero luego cuando llegó mi parada, decidí quedarme en mi asiento como si no fuera mi momento de salir del tren. En cuanto escuché la grabación —*apártese de las puertas que se cierran*— me puse de pie apresuradamente y salí lo más rápido que pude. Cuando miré por encima de mi hombro, vi que el hombre se levantaba dispuesto a seguirme, pero en ese instante la puerta se cerró frente a él y eso fue todo. Quedó encerrado en el vagón y se fue. Estaba abrumada, pero me las arreglé para estar tranquila y seguir adelante.

Para el 2016 mi campo energético estaba en su peor momento. Mientras estaba en Londres, donde sólo estuve tres meses, tuve cuatro situaciones de asedio bastante estresantes en las que hombres me acosaron mientras caminaba por la calle. No te preocupes, logré mantener la calma en todas; estaba lo suficientemente centrada y tenía la suficiente seguridad para saber cómo reaccionar ante cada una de ellas *—el Muay Thai me dio este tipo de confianza para asumir que puedo pegar un puñetazo y defenderme si es el caso—*. No voy a entrar en detalles de cada una, pero definitivamente sentí que mi corazón palpitaba de forma rápida cuando me acorralaban o me seguían.

Eventos desafortunados y accidentes me persiguieron a lo largo de mi vida. Puerta tras puerta se iba cerrando continuamente para mí. Poco a poco fui apartada y alejada del mundo hasta que mi brillo se desvaneció por completo, y nunca discerní que **todo esto tenía que ver con energía y mi campo magnético.**

Cuando comencé a sanar, **sentí los altos de la positividad volviendo a mi vida y sentí los bajos, cuando la negatividad persistía en quedarse en mi vida.**

Exactamente en octubre de 2019, tuve una de las peores caídas en mi carrera como artista. Cuando comenzó el año, conocí a un promotor de arte que sabía lo que estaba haciendo, era excelente en su trabajo en cuanto a exhibiciones y promoción se trataba. Él era muy bueno para vender las obras y yo necesitaba a alguien que las promocionara. Cuando supe de él, sentí que había llegado en el momento perfecto; era exactamente lo que necesitaba. Después de hablar por teléfono durante más de una hora, decidimos trabajar juntos.

Al pasar unos meses, comencé a notar algunos focos rojos que me llamaron la atención. Él siempre quería hablar por teléfono y nunca por mensaje de texto para no dejar rastro alguno. Perdió la puntualidad con los correos electrónicos y con los contratos, y el foco más rojo de todos, cada vez que tenía que pagarme mi parte de la venta lo alargaba y lo hacía extra complicado.

Después de descubrir que había colocado mis obras de arte en un hotel sin mi consentimiento y sin un contrato, decidí reunirme con él en persona la noche de apertura de la exposición del hotel e intenté explicarle lo mal que estaba esta situación. Traté de que se diera cuenta de lo poco profesional que estaba siendo, además me debía alrededor de 6,500 doláres desde hacía unos meses; un tema que él seguía evitando. Fueron momentos muy pesados y estresantes.

Después de varios correos electrónicos y mensajes de texto, no había rastro de él. Siguió posponiendo nuestras llamadas programadas, y bueno, las cosas se pusieron feas, no voy a mentir. Me las arreglé para comunicarme con cualquier contacto que podría ayudarme. Encontré tanta información sobre él, que me llenó de angustia mientras seguía descubriendo mentira tras mentira, hasta el punto en el que comencé a sentirme enferma.

El tipo era un estafador. Tenía cuarenta y tantos años y yo sólo era una joven mexicana que no sabía nada *—al menos eso pensaba él—*, no quería pagarme, no respondía y no quería devolverme mis obras *—veinte de ellas—*, incluso mintió sobre su paradero y luego lo reconoció por correo electrónico. Era una porquería de hombre y en un segundo, me di cuenta de lo fuerte que era yo. Él no tenía ni idea de que, por más buena onda y tranquila que soy, tengo un lado de negocios que nunca supo que había dentro de mí.

NO TENÍA NI IDEA DE QUE YO HABÍA PASADO POR UNA MONTAÑA DE DOLOR TAN GRANDE QUE ME HIZO PERDER CADA GOTA DE INGENUIDAD QUE TENÍA.

La fiereza, la forma en que me comporté por esta situación y la forma en que logré que todas las obras de arte de su exposición en el hotel fueran retiradas en un par de días después de que hice una llamada, la forma en que recuperé todo lo que él tenía que me pertenecía sin que él nunca me diera la cara, me hizo sentir un gran rango de sentimientos desde la ira, la decepción, el estrés y un *¿cómo-pude-ser-tan-estúpida?* hasta *no puedo creer que hice esto y me paré firmemente en mi suelo; soy una chingona por llegar a este punto.*

De los catorce artistas con los que trabajaba, yo era la más joven. Fui yo la que le quitó esa máscara llena de mentiras y luego salió la verdad. Un año después y, como se veía venir, se aprovechó de los demás artistas también y a varios de ellos todavía les debe alrededor de 10,000 dólares; a otros les devolvió las obras de arte gravemente dañadas después de llamadas forzosas y contundentes.

Fue un parteaguas para mí. Perdí casi todo mi dinero "invirtiendo" con él para exhibir mi trabajo en grandes ferias de arte y después, tratando de recuperar todo. Incluso se las arregló para hablar porquerías sobre mí durante un año en el que muchas puertas se me cerraron repentinamente como artista. Para el 2021 necesitaba reinventarme, esta situación me afectó enormemente. Mi cuerpo tronó, se descompensó y estuve muy enferma durante dos semanas por todas las mentiras, la ira y el estrés.

No lo vi en ese momento porque estaba cegada por los terribles eventos, pero me di cuenta de que yo fui la afortunada después de todo porque no sólo defendí mi verdad y me deshice de una conexión increíblemente tóxica, sino que fui afortunada porque recuperé mi dinero y mis obras de arte de forma segura y sin daño alguno. Me tomó un tiempo darme cuenta de que esta experiencia en específico fue la última parte de la limpieza de mi campo energético.

Aquí está la cuestión con nuestros campos de energía: como seres humanos y como seres de energía tenemos nuestras propias vibraciones y cuando tu campo es atacado como lo fue el mío, atraes todas esas cosas terribles como envidia, miedo, accidentes, percances, negatividad y, básicamente, toxicidad.

No fue hasta que lo viví que entendí cuán veraz es este tema. Sólo después de que comencé a sanar y me protegí para siempre contra la bruja, fue que mi campo energético se regeneró y sanó por completo y luego sentí el karma. El buen karma.

En realidad, todo es ciencia. ¿Recuerdas la tercera ley de Newton?: *A cada acción siempre se opone una reacción igual, pero de sentido contrario.* Básicamente significa que **uno cosecha lo que siembra o uno recibe lo que da.** Esto es karma, o como me gusta llamarlo dada mi experiencia: *Justicia Divina*; porque el Universo se encarga de ello.

Energéticamente tienes ciertas vibraciones, si irradias bondad, amor y abundancia, eso es exactamente lo que te será devuelto; no es necesariamente atraerlo, sino que lo irradias de adentro hacia afuera para que estos regresen a ti, pero en una magnitud mayor. Si deseas una vida más feliz, estable y armoniosa, debes comenzar por ti mismo.

NADA PUEDE APAGAR LA LUZ
QUE BRILLA DESDE ADENTRO.
—MAYA ANGELOU

Mira ahí dentro de ti, arregla lo que se necesita arreglar y haz los cambios que se deben hacer. Michael Bernard Beckwith, director espiritual y autor, lo explica mejor: —*lee lentamente*—"Somos seres vibratorios. Cuando elevamos nuestra vibración a lo que queremos experimentar, sucede primero a un nivel energético, luego aparece y se manifiesta en nuestra vida. Entonces, las personas que están manteniendo el rencor, la animosidad, están frenando su vibración... **No puedes tener lo que no estás dispuesto a ser vibratoriamente".**

EL AMOR TIENE UNA ENERGÍA ENORME, EXPANSIVA, QUE CRECE CONTINUAMENTE, MIENTRAS LOS SENTIMIENTOS BASADOS EN EL MIEDO COMO EL EGO, EL PODER Y LA NEGATIVIDAD SÓLO DISMINUYEN EN TAMAÑO. SON COMPLETAMENTE INTOXICANTES; ESTOS SÓLO TE LLEVARÁN A UN AGUJERO NEGRO INTERMINABLE.

Cuando toqué fondo, alcancé un sentido de compasión, humildad, empatía, comprensión e iluminación, entre muchos otros valores y virtudes, como nunca antes había experimentado. Mi visión completa del mundo y mi percepción de la vida cambiaron enormemente, así que mi energía dio un giro positivo de 180 grados. Asimismo, con este increíble cambio llegó otra batalla que viví principalmente en el ámbito social.

Amigos verdaderos

Siempre he sido amigable, me encanta conocer gente. Durante mi vida, si hay algo que es una constante, son mis amigos. Siempre he estado rodeada de buenas personas que me elevan *—al menos en su mayor parte.*

A lo largo de los años descubrí que algunas de las personas a las que consideré mis amigos, horriblemente me traicionaron. Eran personas que amaba, que me importaban, personas a las que abrí mis sentimientos y que sabían todo de mí.

Mientras caía por ese agujero infinito, me di cuenta de que algunos de mis amigos sólo me sepultaban y me retenían, razón por la cual parte de mi proceso de sanación implicó aprender a dejar de lado estas relaciones tóxicas. Perdí a varios y, aunque cada pérdida me destrozó el corazón, aprendí que **es mucho mejor buscar la calidad que la cantidad cuando se trata de amistades y relaciones.**

Estas situaciones de traición estaban relacionadas con la energía que me rodeaba en ese entonces. Mi campo energético estaba tan dañado, y yo estaba vibrando a tan baja energía, que atraía toda la negatividad *—celos, envidia, chismes, traición—*, por supuesto no lo vi en este momento, mi nivel de claridad era cero.

En la universidad, la que una vez fue mi mejor amiga decidió coquetear con el chico que me gustaba. Luego comenzó a hablar mal de mí y de mis nuevos amigos *—a veces hasta en mi cara—*, después de que decidí alejarme y concentrarme en mis asuntos, los chismes llegaron a su peor momento. Ella dijo tantas porquerías de mí, que muchos de mis amigos me dieron la espalda *—pero aun así, varios de ellos decidieron quedarse a mi lado ya que se dieron cuenta, por ellos mismos, de sus comentarios fuera de lugar—* y sin embargo, nunca hablé mal de ella.

Cada vez que alguien me preguntaba acerca de nuestro "problema", sólo respondía cosas como: "Mira, es tu decisión con quién te juntas. Si es tu amiga, está perfecto, no hay ningún problema. Esto es entre ella y yo" o "simplemente ya no nos llevamos bien, nos alejamos" o "lo siento, pero esto no es asunto tuyo, esto es entre ella y yo". Pero créeme, nunca hablé mal de ella. Traté de arreglar las cosas varias veces y ella nunca regresó ni me buscó, así que entendí que esta situación ya no dependía de mí.

Mi punto con todo esto es que **el chisme es como el fuego, cuanto más aceite le agregas, más grande y más fuera de control estará.** Al ver un episodio de *Schitt's Creek* escuché la siguiente frase: *El chisme es el teléfono del diablo, así que mejor cuelga.*

¡Cuelga ese teléfono! El chisme funciona así. Si le das a la gente algo de qué hablar *—a veces incluso si no lo haces—*, lo harán y no se detendrán a menos de que te alejes y dejes de responder a lo que todos dicen de ti. Esto es lo importante: cuando tu conciencia está limpia, cuando no has hecho nada malo, o cuando no tienes cola que te pisen, estarás bien y los chismes eventualmente se detendrán porque, te guste o no, **la verdad siempre sale a luz** —*sí, a veces tarda más de lo esperado, pero siempre aparece.*

Esta fue una gran lección y a pesar de saber que se decían cosas desagradables de mí, decidí callarme y alejarme. A medida que pasaban los años, las mismas "amigas" que se habían ido de mi lado finalmente vieron la realidad y volvieron a mí. El chisme se detuvo por completo y todavía no conozco la versión completa de todo ese tema en conflicto, pero lo dejé pasar para siempre; me drenó mucha energía durante años.

La negatividad es como una inundación, comenzará a llenarte lentamente hasta que te das cuenta de que te ha contaminado y te ha arrastrado a la profundidad. **No necesitas compararte con los demás, no necesitas hablar sobre los demás.** Jay Shetty, ex monje, autor y guía, escribió en su libro *Think Like a Monk*: "Decir lo que queramos, cuando queramos y como queramos, no es libertad. La verdadera libertad no es sentir la necesidad de decir estas cosas". ¡¿Qué inteligente es esto, no?! Yo le llamo prudencia, punto.

Creo que estamos aquí en esta vida para convertirnos en mejores seres humanos y alcanzar un nivel de plenitud que nos permita ver con más claridad, estar más centrados y tener tanta confianza en nosotros que no sintamos la necesidad de juzgar, presumir y compararnos unos con otros; alcanzar y caminar por el camino del amor.

LA REALIDAD ES QUE EN LO QUE SEA QUE TE ENFOQUES, OBTIENES MÁS DE ESO.

Cuanto más chismes hagas, critiques y te enfoques en la vida de otras personas, más negatividad crearás para ti. Dado el hecho de que fui un punto focal de crítica durante tanto tiempo y dado mi trayecto de vida, ya no tolero los errores de juicio y las críticas como solía hacerlo. Incluso yo solía decir que era inevitable, pero pregúntame ahora; mi pensamiento ha cambiado por completo. Entonces, cada vez que estoy con personas que son negativas o que se la pasan hablando de alguien que no está presente para defenderse, no estoy dispuesta a seguirles el rollo, y mucho menos si deciden hablar mal de alguien que me importa.

Aprendí a **hablar menos y observar más**. Observar pacíficamente para luego asegurarme de con quién realmente quiero quedarme en mi círculo de amistades. Debes tener mucho cuidado con quién sales y quiénes son tus verdaderos amigos. **Necesitas rodearte de personas que te impulsen a ser mejor, personas que estén allí para ti cuando llegues a esos fondos oscuros y vacíos.**

Imagina un pájaro con una piedra en su ala tratando de despegar y volar. Es imposible. Ahora quita esa piedra de su ala... *¡Boom!* Ahí va, arriba y más allá. Así es exactamente como debes sentirte con tus verdaderos amigos. Estas son personas en las que no sólo puedes confiar plenamente, sino que también puedes ser tú mismo. No hay juicio sino honestidad. No hay dudas, sólo confiabilidad, seguridad en uno y amor. **Siempre amor.**

Razones por las cuales perdí a algunas amistades en los últimos años fue haberme transformado mental, emocional, energética y espiritualmente. Con esto, todo mi entendimiento y perspectiva de la vida también cambió, lo que hizo muy difícil para mí involucrarme de nuevo con "mi gente" *—o con algunos de ellos al menos.*

Cuando esto sucedió, me sentía excluida o como si ya no perteneciera a un grupo particular de amigos, así que decidí alejarme por mi propio bien. Actuaban de formas que para ellos eran normales, pero para mí no lo eran.

Como buena amiga, siempre estaré aquí para ayudarte y escucharte. Voy a reportarme y a llamarte de vez en cuando porque creo que cuidar de las amistades es como cuidar de las plantas, tienes que regarlas de vez en cuando y estar al pendiente.

Cuando no estás allí, cuando sólo te acercas para aprovechar lo que puedas tomar de tu "amigo" como: pasar el fin de semana en su casa de campo y luego no llamar más, o llamar a tu amigo para salir cuando tu pareja no está en casa, sentir que no quieres reconocer la victoria/éxito de tu amigo o responder a sus mensajes de texto semanas después porque estabas "demasiado ocupado para responder", significa que has elegido otras prioridades en tu vida y entonces, ese amigo ya no significa mucho para ti, ¿verdad?

DALE AL MUNDO *LO QUE QUIERES RECIBIR* DEL MUNDO PORQUE ESO ES LO QUE RECIBIRÁS.

—GARY ZUKAV

Con experiencias como éstas descubrí que las amistades tienen ciclos, y es parte de la vida. **Necesitamos saber cuándo dejarlas ir y seguir adelante.** Puedes perder la comunicación o alejarte por un tiempo y luego reconectarte después de algunos años. Posiblemente tienes amigos que han estado allí toda tu vida desde que tenías tres años —*¡hola, Ani y Monch!*—, o puede ser que hagas nuevos amigos durante el camino hasta el día de tu muerte.

Los verdaderos amigos se preocupan por tu bienestar y buscan tus mejores intereses. Se supone que los verdaderos amigos están en tu vida por una razón: para enseñarte, para apoyarte, elevarte, guiarte y darte amor. El amor alimenta nuestra alma en muchos niveles y nos da claridad, ya que estaremos vibrando en altos niveles de energía como armonía, empatía y compasión. **Cuanto más camines hacia el amor y más te rodees de amor y comprensión, más podrás compartir con el mundo.**

RECUERDA: UN ACTO DE BONDAD Y AMOR CREARÁ ONDAS ENERGÉTICAS QUE CRECERÁN DE FORMAS INIMAGINABLES, CREANDO, POR LO TANTO, MÁS ACTOS DE AMOR Y BONDAD DENTRO DE TU ENTORNO, HACIENDO TU PROPIO CAMPO ENERGÉTICO MÁS GRANDE.

Con los ojos bien abiertos observa más de cerca a las personas que te rodean. Asegúrate de saber quiénes son tus verdaderos amigos. Gran parte de tus decisiones y la experiencia en este viaje de tu vida dependerán de este hecho. ¿Te dejarás llevar por la corriente del miedo, la presión, la negatividad…? O ¿te permitirás tomar la iniciativa y elegir sabiamente y seguir el camino del amor?

Las cosas pequeñas

Cuando estás volando alto sin un suelo y sin cimientos, es muy fácil perder de vista las cosas importantes como los valores y virtudes que son la fuerza que te empujará y te llevará más lejos que nunca, sin tener que presionar el freno de mano ni sufrir fuertes caídas en la vida.

Esta Tierra está llena de cosas increíbles y tangibles como el sol, la lluvia, los bosques, los océanos, el aire fresco, pero también está llena de una energía que, si se le da un buen uso, puedes aprovechar al máximo y puedes comenzar a ser tu mejor "yo".

TODO COMIENZA CON EL AMOR;
EL AMOR A UNO MISMO.

Te escucho preguntar: "Pero, ¿cómo empiezo a hacer esto, March?"

Es súper sencillo, posiblemente el trabajo más fácil de todos, y uno que tendrá inmensas y maravillosas secuelas.

Creo que el amor comienza con la gratitud. Agradecer incluso por las pequeñas cosas de la vida, las cosas que damos por hecho van a generar un increíble cambio energético dentro de ti. Noté este cambio cuando transformé el enfoque de mis problemas hacia las pocas cosas que me estaban dando paz y luz, o las pequeñas cosas que me estaban haciendo sonreír aunque fuera por un momento. Comencé a sentirme más feliz y comencé a sentir una sensación de calma que venía desde adentro; estas pequeñas cosas crearon una sensación de esperanza para mí.

Intenta agradecer por al menos tres cosas cada día. Puede ser por tu delicioso café de la mañana, por el hecho de que lograste estacionarte en un espacio cercano cuando generalmente no hay vacantes, o tal vez sea por el increíble clima de ese día.

Deberíamos apreciar las cosas que generalmente damos por sentado como la lluvia, los abrazos, sonreír, el aire que respiramos y cada respiro que tomamos. Cuando haces esto, la gratitud se irradia desde tu campo y se expande para luego atraer más positividad, y por lo tanto, comenzarás a sentirte mejor y más feliz a medida que pasan los días.

SI LA ÚNICA ORACIÓN
QUE DIJERAS FUERA *GRACIAS*,
SERÍA SUFICIENTE.
—MEISTER ECKHART

Aprendí a estar agradecida por *todo* después de haberlo perdido todo. **No dejes que la vida te enseñe en la forma que me enseñó a mí.**

Hoy, el hecho de estar de pie, bailar y hacer lo que no podía hacer en ese entonces es algo grandioso. El agarrar un lápiz o un pincel con mano firme, el respirar con calma con un latido constante y tranquilo... son cosas por las que estoy agradecida todos los días. Aprendí a apreciar las cosas que daba por sentado, como mi salud. Sólo después de que mi cubeta de la salud estuvo casi vacía, me percaté de que sin ella realmente no tenemos *nada*. Aprecié mi corazón y entendí su valor sólo hasta que empezó a fallar. Piénsalo, éste es el órgano principal que nos mantiene vivos; es el motor del cuerpo.

APRENDÍ QUE LA VIDA ESTÁ LLENA DE DETALLES, PEQUEÑOS REGALOS Y BENDICIONES QUE A VECES ELEGIMOS NO VER.

Toma esta anécdota como ejemplo.

La primera vez que me invitaron a exhibir mi trabajo en Miami para la semana de arte más grande e importante de Estados Unidos, era diciembre del 2018, y mi carrera de repente había dado un gran salto.

Tres paquetes fueron enviados: una caja enorme hecha a la medida con alrededor de seis obras de arte enmarcadas, otro paquete con tres pinturas grandes enrolladas, y otro con bastidores armables de madera para estirar las pinturas enrolladas.

Dos días antes de la exhibición, recibí un aviso de que mis paquetes habían sido retenidos por la aduana. Pensé que dos días serían suficientes para que los liberaran. La caja fue entregada de manera segura. Después descubrí que el día de la feria otro paquete había sido entregado también, pero cuando hablé con el tipo que se suponía iba a recibirlo, dijo:

—March, he estado aquí todo el tiempo y no he recibido ningún paquete. Parece que alguien más lo firmó y lo recibió. Déjame investigar.

Unas horas más tarde, nos dimos cuenta de que alguien firmó y recibió el paquete con un nombre falso. Luego, comencé a escuchar cuántos paquetes se suelen robar durante esta semana dadas las muchas pinturas y esculturas que se exhiben en la ciudad —*que suelen ser muy valoradas.*

Justo cuando aterricé en Miami el día exacto en que se inauguró, esto era todo lo que sabía:

- Envié *tres* paquetes.
- La caja llegó sana y salva, un paquete lo robaron y otro todavía estaba retenido en la aduana.

- Todavía no sabía cuál había sido robado.
- Contraje gripe por el estrés.

Dios mío, esto sí es mala suerte. Mi primera vez en una feria internacional, no conozco a nadie, estoy viajando sola, me enfermé por todo el estrés, la feria sólo dura cuatro días y, sin embargo, mi trabajo no está aquí para exhibirlo. Y pensar en todo el dinero que invertí. Nada más escúchame, por favor, que el paquete robado sea el que tiene los bastidores de madera. No me importa si no lo recupero, sólo déjame tener mis pinturas conmigo. Te pido para que el paquete que queda por llegar sea el de mis pinturas.

Me fui a la cama esa noche, estresada, triste, decepcionada y extremadamente abrumada. Eran algunas de mis pinturas favoritas, no se trataba de su valor monetario sino de la conexión emocional y el trabajo duro en cada una que me dejó devastada. No sabía qué más hacer, más que rezar. Todos en casa estaban muy emocionados por mí y simplemente no podían creer mi suerte cuando escucharon la noticia, pero aun así, lo que de repente noté fue cómo todos los que sabían de la situación *—incluidos los artistas que exhibían a mi lado en la feria de arte—* me escribieron para decir, "no te preocupes, estoy pidiendo mucho para que aparezcan" o "March, acabo de encender una veladora por ti. ¡Ya verás que mañana tus cuadros aparecen!" o simplemente "March, estoy rezando por ti". Me sentí tan apoyada y amada como nunca; estaba llena de gratitud.

Al día siguiente, alrededor de las 3:00 de la tarde, después de lo que pareció ser la mañana más larga entre hacer llamadas, contactar a cualquiera que pudiera saber algo, y ver pasar las horas una a una, recibí una llamada.

—¡March! ¡Tus pinturas están aquí!

¡¡¡Gracias, gracias, gracias, Dios mío!!!

Estaba feliz. Tuvimos que colgarlos como cortinas en la pared, y mira, al final ni siquiera vendí nada *—excepto algunas litografías—*, además, no tenía idea de qué hacer con el trabajo no vendido *—no podía regresarlo,* *ya que costaba una fortuna—*, pensé que había desperdiciado mucho más dinero del esperado y mucha más energía de la esperada, pero al final, me di cuenta de lo que gané a través de esta mala racha:

- Gané más confianza y seguridad.
- Conocí e hice nuevos amigos que terminaron siendo un gran apoyo durante ese viaje y, más tarde, a lo largo de mi vida.
- Fue la primera vez en mucho tiempo que sentí tanta libertad, sobre todo después de pasar el último par de días con mis nuevos amigos, divirtiéndonos.
- Aprendí que siempre habrá gente que apostará por ti y te apoyará.
- Mis obras ya estaban allí *—en tierra internacional—*, sólo era cuestión de encontrar una nueva forma de guardarlas mientras salía otra oportunidad *—después conocí al estafador.*
- Aprendí que soy más fuerte y más capaz de lo que pensaba.
- **Aprendí que la oración, la bondad y los buenos deseos van más allá de lo que pensamos; la fe mueve montañas.**

Me tomó tiempo darme cuenta de que este percance llegaría a mi vida con un conjunto de lecciones y herramientas para mí; las cuales utilicé en mis siguientes exposiciones internacionales. Como dicen, siempre hay una "primera vez para todo", pero **una vez que lo sabes... nada te detendrá.**

TIENES QUE AGRADECER: SIEMPRE.

Incluso cuando piensas que no está pasando nada bueno en tu vida o en tu día *—que por cierto, solía ser mi mentalidad mientras caía hacia lo desconocido—* tienes que ver las cosas más pequeñas y dar gracias todos los días, pase lo que pase.

Cuanto más expresas tu gratitud, más anclado, más humilde y más presente estarás. **Cuanto más presente estés, más lejos avanzarás en esta vida.**

NO CREO EN LOS ACCIDENTES.
SÓLO HAY ENCUENTROS EN LA HISTORIA.
NO HAY ACCIDENTES.
—PABLO PICASSO

Puede ser que no encuentres un indicio de luz en tu camino, **pero confía en que hay un proceso de revelación que te llevará a donde se supone que debes estar.** Tantas veces durante mi proceso de sanación y ascenso le dije a Dios y a mí:

Estoy lista, Dios mío, realmente lo estoy esta vez. Aprendí lo que necesitaba aprender. Me siento increíble, permíteme enamorarme, vivir y disfrutar la vida de una vez por todas. Estoy lista.

Lo dije en serio, pero asimismo, tuve pequeñas recaídas que sólo estaban aquí para recordarme: *Todavía no estás lista, March.* Ojalá pudiera comenzar a explicar el nivel de impotencia que sentí al querer volar y no hacerlo en innumerables ocasiones.

Por ejemplo, de diciembre de 2018 a diciembre de 2019, tuve varios contratiempos, caídas y tropezones desafortunados en mi carrera, porque aunque había comenzado mi proceso de sanación, esto era —*energéticamente*— como la cola del cometa.

Cuando entró el 2020, me sentía mejor que nunca, incluso durante los primeros meses de la cuarentena me sentía increíblemente bien. Tenía niveles de energía espectaculares, físicamente estaba perdiendo el peso extra y emocionalmente me sentía bien; pero luego en abril, caí en picada varias veces teniendo choques emocionales y dolor físico debido a mi última caída en la cancha de tenis en el 2016. Mis lesiones y contracturas de repente me empezaron a doler y experimentaba estallidos repentinos de llanto. Al mismo tiempo, mis cólicos menstruales duraban por lo menos seis horas el primer día y me tumbaban en cama todo el día, algo que era inusual en mí.

Después de julio volví a ver a mi quiropráctico Josh, y luego asistí a fisioterapia para arreglar y sanar esos dolores de una vez por todas. V, mi sanadora, me pidió que la visitara dos días a la semana después de cada sesión de fisioterapia. No tenía idea de por qué tenía que asistir tan seguido, sólo recuerdo haberle dicho un día a principios del 2020:

—V, estoy lista para mi recompensa. Estoy lista para recibirlo todo, lista para vivir y ser feliz.

A lo que ella respondió:

—Sé que crees que lo estás, pero ten paciencia. Todavía no estás lista. No podrías manejarlo todo en este momento. Confía en mí y confía en los tiempos de Dios. El dinero y la fortuna te llegan en el momento adecuado.

¡¿Es en serio?! ¿Cuatro años de sanación no han sido suficientes?

Resulta que estos últimos meses han sido sin duda los más duros de mi experiencia de sanación; **me vi obligada a enfrentar a mis demonios de una manera que nunca esperé.**

Cuando Lora decidió hostigarme, maldecirme y destrozarme, no sólo lo hizo físicamente sino que destruyó todo mi mapa energético; explotó todos mis chacras *—si no has oído hablar mucho de ellos, te recomiendo leer* La Medicina de la Energía *de Caroline Myss—*, que son los principales puntos de energía en nuestro cuerpo que comienzan a construir todo nuestro mapa energético y están conectados directamente con cada emoción, órgano y sistema del cuerpo. Esto me llevó a graves desequilibrios emocionales y energéticos durante esos años terribles. De ahí empecé a tener citas continuas con mi sanadora y mentora estos últimos meses *—había que regenerar todos mis chacras.*

Comencé a sentirme extremadamente cansada y débil, con náuseas constantes; no podía comer proteínas animales. Mi cuello, clavícula, espalda y hombro estaban tan tensos que me daban dolores de cabeza muy fuertes. Empecé a sentir que se me iba el aire y me sentía extremadamente triste y sola. De vez en cuando sentía escalofríos debido a la fiebre interna que me daba por el proceso tan intenso de sanación energética. Los sentimientos se me fueron acumulando repentinamente uno encima del otro hasta que un día estallé en llanto sintiéndome desesperada y cansada de todo; de luchar, de dar siempre lo mejor de mí y de no obtener el nivel de salud y bienestar por el que había luchado durante al menos cuatro años desde que descubrí la fea verdad.

Lloré incesantemente durante casi quince minutos haciendo recuento de daños en mi cabeza y los pensamientos que abrumaban mi mente eran:

Estoy cansada, Dios mío, ya no puedo seguir haciendo esto. Estoy exhausta de estas caídas en picada y estos altibajos. Estoy cansada de sentirme sola, de sentirme incomprendida, de tener que dar explicaciones a cualquiera de por qué me siento constantemente mal.

He hecho todo bien, he seguido todas y cada una de las reglas. He alcanzado niveles increíbles y los más altos en términos energéticos y espirituales; sin embargo, no he visto mi recompensa.

¿Cuánto más necesito seguir luchando? ¿Cuándo va a dejar de hacernos daño Lora? ¿Cuándo se va a terminar todo esto? De verdad no puedo comprender por qué me hizo tanto daño desde que era niña. ¿Por qué me odia tanto como para privarme de mi vida? ¿Qué le hice yo a ella? ¿Cómo puede ser tan despiadada y mala?

Me descuartizó, me desarmó, me rompió, me desgarró, me quemó hasta las cenizas, su propósito era entregarme a la bestia, sí, "entrégala a la bestia", sin duda, era su clamor.

Ojalá hubiera controlado mis pensamientos, pero esto fue lo que surgió. La conclusión de esta historia es que esta fue una de las partes más imperativas de mi proceso de evolución; necesitaba enfrentar todo el odio que pensé que había dejado ir. Pensé que sabía cómo se sentía odiar, pero después de vivir esto, ahora sé exactamente cómo se siente. Necesitaba sacarlo todo, enfrentarlo y aprender a controlarlo para que en el futuro no tuviera algún tipo de colapso que tal vez me tentaría a hacer algo estúpido. Ahora entendía cuando V decía que yo aún no estaba lista y que **necesitaba ser paciente.**

Si hubiera estado viajando y trabajando tanto como el año pasado antes del golpe del Covid-19, probablemente habría terminado hospitalizada por agotamiento. Necesitaba este año para recuperarme, descansar y restablecerme.

No miento cuando digo que encontré una bendición dentro de la situación de la pandemia del 2020. Utilicé todo el año para concentrarme en mí, en mi bienestar y en mi salud. Por primera vez **sentí que cuando el mundo se detuvo, por fin lo estaba alcanzando y me estaba poniendo al tanto con todos.**

Hasta que viví estas caídas, aprendí a ser paciente y entendí que hay un plan, un plan en el que necesito confiar y simplemente dejarlo fluir. Pasaron años antes de que pudiera creer, pero alcancé una fe inquebrantable en el Universo y pude confiar en el proceso.

Las pequeñas cosas importan enormemente, depende de ti quererlas, aceptarlas y agradecer por ellas, y luego, experimentar un viaje más placentero en tu vida.

AHORA LO SÉ

No es mi intención forzarte a creer que existen cosas como la magia negra, o seguir presionándote para que conozcas las fuerzas del mal que potencialmente pueden dañar tu energía, así como no estoy aquí sólo para contar una historia y victimizarme. Te cuento sólo lo que viví y lo que aprendí de esta experiencia espantosa que destrozó mi vida, te aclaro que hasta hoy sigo en recuperación porque los procesos han sido lentos, a pesar de todo lo confirmo: hay más luz que oscuridad.

NUNCA SUPE DE LO QUE ERA CAPAZ.

Alguien me dijo una vez: "Es muy fácil rendirse. Hay millones de personas que sufren y que atraviesan batallas cada día, lo triste es que a la mayoría les encanta sentirse víctimas. La mayoría de ellos tiene miedo de pelear; se rinden fácilmente. Las personas que realmente tienen las agallas para luchar y hacer todo lo necesario para levantarse, son los valientes". ¿Sabes qué? Vale —*mi fisioterapeuta*— tenía razón.

SE NECESITA VALOR PARA DESNUDARSE, PARA ENCONTRARSE.

Ego

Hay una línea muy fina entre el ser y el ego. La mayoría de las veces la gente piensa que el ego es simplemente ser egocéntrico y egoísta, pero la verdad es que va más allá de eso. El ego es extremadamente complejo.

NUNCA SEAS TAN AMABLE
QUE OLVIDES SER INTELIGENTE,
NUNCA SEAS TAN INTELIGENTE
QUE OLVIDES SER AMABLE...
NUNCA SEAS TAN CORTÉS
QUE OLVIDES TU PODER,
NUNCA SOBREPONGAS TAL PODER
QUE *OLVIDES* SER CORTÉS.
—TAYLOR SWIFT ("Marjorie")

Una vez leí en el libro de Oprah *The Wisdom of Sundays* un texto de Wayne Dyer, autor espiritual, quien definió el ego de una manera muy fácil pero comprensible: ***Ego: es cuando te alejas de Dios***. Es tan simple y al mismo tiempo involucra esta complejidad detrás de la palabra y el verbo que es el ego.

Esto es exactamente lo que se apoderó de muchos de los médicos que no pudieron ayudarme. El ego se apoderó de ellos y en lugar de reconocer sus errores o su falta de experiencia en el tema, me engañaron y dejaron de ayudarme. Asimismo, la mayoría de los sanadores que conocí se centraron en el dinero.

Para dejar al ego fuera hay que ser honesto con uno mismo, aceptar cualquier situación que se presente en el camino y permitir que te apoyen o dar de tu ayuda, cualquiera que sea el caso. Perder el suelo, sentirse superior a los demás, ser irrespetuoso, obstinado, arrogante, codicioso y engreído, son muestras de lo que implica el ego. Si empiezas a criticar y juzgar a los demás y permites que el miedo entre en ti y tome el control de tu vida, el ego te dominará.

A mi modo de ver, **la única forma de dejar al Ego fuera es dejar que el amor entre.** Todo empieza con un amor desde el interior y se mueve hacia afuera para expandirse al mundo. Puedes empezar por centrarte y ser humilde. Dejar al ego fuera significa permitir que la compasión y la empatía entren a tu vida, que son dos de los factores claves que yo creo que son necesarios para una vida abundante, pacífica, feliz y significativa.

Me encanta hablar sobre difundir amor y ser empáticos entre nosotros, así que éste es el momento perfecto para compartir una anécdota muy personal que lo explica mejor.

En el 2019, un amigo tuvo un accidente que cambió su vida para siempre. Fue golpeado por un automóvil donde el conductor iba tomado mientras él iba en su motocicleta en Los Ángeles; desafortunadamente perdió parte de su pierna. Estaba pasando por este gran episodio en su vida y verlo sufrir me pegó duro. Tanto, que justo en ese momento cuando me contó lo que había pasado y cuando vi su primera foto sin su pierna, supe y sentí desde el interior que tenía que darle apoyo y tenía que hacer todo lo que estuviera en mis manos para ayudarlo.

Hice lo mejor que pude. Lo visité cuando aún estaba en el hospital donde pasó casi dos meses en recuperación y donde tuvo varias cirugías. Durante mi visita tuvimos conversaciones muy profundas, de corazón a corazón, sobre la vida, la fe, el camino hacia la recuperación, las partes más difíciles del proceso de sanación y lo que viene después de todo eso. De alguna manera, había muchas similitudes entre lo que él estaba pasando y lo que yo había pasado. La compasión y la empatía que sentía eran incomparables. Yo no perdí ninguna parte de mi cuerpo, pero en un momento lo perdí todo y sabía lo que era estar perdido, solo y confundido; especialmente, con la necesidad de un amigo y de un sistema de apoyo que de alguna manera me comprendiera.

No entendemos por qué este tipo de cosas terribles suceden a diario, especialmente a la gente buena como mi amigo. Lo que aprendí y lo que ahora sé con certeza es que Dios, lo Divino, el Universo, lo que sea o en quien creas, no te imponen cargas que no puedes soportar.

Cada lucha en esta vida es una prueba de la cual vas a aprender y la cual te convertirá en una mejor persona y en alguien mucho más fuerte. Es muy difícil verlo en el momento en que el dolor está sucediendo, pero una vez que lo sobrepasas y aprendes la lección, entenderás que cada segundo de dolor valió la pena, porque **sin esos momentos, nunca te convertirías en quien estás destinado a ser.**

SE NECESITAN AGALLAS, SE REQUIERE TODO LO QUE TIENES, DEFINITIVAMENTE NO ES UN PASEO PLACENTERO, PERO CUANDO LO LOGRES, JAMÁS TE ARREPENTIRÁS.

Te cuento esta historia específica porque cuando viajé para verlo y le eché una mano, descubrí que la gente hablaba y encontraba mi decisión sorprendente, inquietante, y muchos de ellos estaban confundidos. Para ellos, éste era un tipo que yo acababa de conocer apenas unos meses. Es aquí cuando entra el ego, la gente juzgando y preguntando cosas como: "¿Por qué diablos le está ayudando tanto?", "ella apenas lo conoce", "¿por qué está gastando dinero en él?", "ni siquiera están relacionados" o "apuesto a que lo hace sólo porque le gusta, está haciendo puntos y eso es esforzarse demasiado".

Escuché muchas cosas al respecto, ¿y adivina qué?

Yo realmente sabía lo que se sentía estar en esa posición porque, para tu información, **ser compasivo no es lo mismo que sentir lástima.** Cuando pasé por mi infierno, prometí que iba a compartir aunque fuera un poco de luz y apoyo cuando alguien lo necesitara. Mis niveles de empatía aumentaron después de mis eventos.

Realmente lo hice de corazón, que es la forma en que funciona la compasión, la empatía, el amor y el dar; **simplemente dar al otro sin preguntas, sin expectativas.** Sin siquiera esperar que eventualmente se te dé algo a cambio. Simplemente lo haces, ayudas, compartes y amas... Así es como se siente hacer a un lado el ego. No es fácil de ninguna manera y tampoco soy perfecta, pero sé que no es imposible. También es un hábito que se tiene que trabajar y al que hay que estar atento diariamente, pero de nuevo, no es imposible. Ser consciente de ello marcará la diferencia. Inténtalo y luego verás por ti lo ligero y agradable que se siente.

UNA DE LAS TAREAS MÁS IMPORTANTES
QUE HAY EN ESTA TIERRA ES
HACER QUE LA GENTE SEPA
QUE NO ESTÁN SOLOS.

—SHANNON L. ALDER

Algunos capítulos atrás te conté de una época en la que estaba estudiando arte en Londres, estaba increíblemente enferma y había perdido la voz. En mi primer día de clases, conocí a varios compañeros de todo el mundo y ese primer día me senté junto a una encantadora mujer de Hong Kong, Suki.

Apenas hablamos, era bastante tímida, pero desde que la conocí supe que era una mujer dulce y cariñosa; sonrió tiernamente desde el primer momento. El segundo día, todos se sentaron en los mismos lugares en los que se habían sentado el día anterior, así que una vez más, me senté al lado de Suki.

—Marcela, te traje algo, es un shot de jengibre y es muy bueno para tu sistema inmunológico; noté que estás enferma —dijo mientras lo sacaba de su bolso.

La miré y me asombró su humildad, así como su bondad tan abrumadora.

—Suki, ¡muchísimas gracias! Qué linda y qué gran detalle de tu parte.

—Si no te gusta no tienes que beberlo, pero lo vi hoy en la tienda y pensé que te vendría bien —añadió Suki.

Éste fue un momento que nunca olvidaré, estaba sola en un país extranjero, enferma *—el día de mi cumpleaños sin que nadie supiera—* en una clase llena de gente que no conocía y que nunca había visto en mi vida y, sin embargo, Suki después de notar que estaba enferma, no dudó en abrir su corazón para mí a sólo un día de conocerla. Su acto de bondad me llenó inmensamente.

No tienes que conocer a la persona para tener un gesto de amabilidad. Es tan simple alegrarle el día a alguien y es triste ver cómo en el mundo de hoy ser el "bueno" es a menudo razón suficiente para ser intimidado o derribado. Déjame decirte algo ahora mismo, ser el más "cool", el "chico malo", ser grosero y ser un "bully" está sobrevalorado. No hay necesidad de superioridad, de racismo ni elitismo... Al final del día todos somos seres humanos viviendo en el mismo planeta, al mismo tiempo y todos con un potencial ilimitado.

TODOS SOMOS IGUALES;
TODOS SOMOS HUMANOS.

No tengas miedo de elegir el camino correcto, hacer el bien y seguir hacia el amor. Al final del día, esta elección es lo que te llevará más lejos en la vida y, lo más importante, te soportará con la base más sólida que puede existir: la verdad.

T.U. (Tu Ser Único)

¿Sabes cuántas personas, cuántos seres humanos habitamos en esta Tierra?

Somos alrededor de ocho mil millones de almas y podemos ponerle rostro a la mayoría de las personas de este planeta debido a las redes sociales; ya no es posible escondernos. Es aterrador si realmente lo piensas.

Las redes sociales no sólo nos permiten estar al tanto de cada suceso, también nos permiten estar en contacto con nuestros amigos, con nuestros familiares y seres queridos que viven en el extranjero, con celebridades y personas importantes... ¿Cuándo pensaste que sería tan fácil acercarte y saber cada cosa sobre nuestros ídolos?

Francamente, mucho de eso me asusta, especialmente porque he visto la otra cara de la moneda cuando se trata de tecnología. Por un lado tienes acceso rápido y fácil a cualquier cosa y a cualquier persona, pero por el otro, esa misma información que se muestra en tu pantalla puede ser una mentira. Los niveles de depresión y ansiedad están aumentando porque todos quieren tener el cuerpo perfecto o vivir la vida perfecta, así como muchos están constantemente mostrando y fingiendo tener en sus redes sociales.

El problema no es nada más lo que se sube a las redes, sino lo que uno como observador y lector cree, para luego caer en miles de comparaciones que después se convierten en una mentalidad donde nada es suficiente.

PRIMERO QUE NADA, ERES SUFICIENTE.

En segundo lugar, cuando comienzas el día revisando las redes sociales y pasas el día comparándote con otras personas, toda esa energía que podrías haber usado para tu crecimiento personal se desperdicia y se agota por completo. En lugar de concentrarte en lo que no tienes, en lo que te hace falta o en lo que desearías tener, **concéntrate en tu vida, tu bienestar y tus sueños**. Concéntrate en mejorar y arreglar lo que necesitas en tu vida y, sobre todo, en lo que está en ti para que puedas ser tu mejor versión.

Ten mucho cuidado de no dejar comentarios que lastimen a otra persona. Esos comentarios afectarán al receptor en niveles más profundos de lo que piensas. Pon atención a tu juicio hacia los demás, ¿qué estás criticando?, o mejor aún, ¿por qué? Apuesto a que algo te recuerda o se parece a tu vida o a ti mismo, quizás algo que sientas miedo de mostrar y te está frustrando. **Recuerda que la energía que pones en el mundo es la energía que se te regresa,** así que no te sorprendas si después de estar atrapado en críticas y juicios hacia los demás, te conviertes en el centro de algo igual o el doble de su magnitud. Los seres humanos tienden a estar muy involucrados en la vida de otras personas, observando cada uno de sus movimientos, lo que sólo alimenta la envidia, los celos y aumenta su toxicidad.

Después de ser objeto de juicios, celos y odio, evité exponerme demasiado; es una de las cosas en las que decidí tomar medidas. No voy a mentir, parte de tomar esta decisión fue el hecho de que vivía con miedo constante, al no saber qué más haría Lora para lastimarme y cómo lo haría, ya que no le estaba poniendo fin a sus actos implacables contra mí o mi familia. Y mira, no soy una celebridad, pero ¿adivina qué?, no lo tienes que ser para que la gente quiera saber lo que estás haciendo todos los días, con quién estás pasando el rato, qué ropa usas o incluso echar un vistazo a tu estilo de vida retratado a través de las redes sociales.

Esta es la verdad: **no le debes nada a nadie, tampoco necesitas demostrar nada.** Sé genuino, sé tú y disfruta de tu vida al máximo. No pierdas tiempo soñando despierto con lo que sería tener la vida, el vestuario, la pareja o cualquier otra cosa de alguien más.

CUANTO MÁS TE CONCENTRAS EN LA VIDA DE OTRAS PERSONAS, LA TUYA MÁS SE VA AL HOYO.

Toma la vida de Lora como ejemplo. Pasó la mayor parte de su vida adulta enfocándose tanto en lastimarme a mí, a mi familia y a muchos más. Desperdició su energía *—y dinero—* en buscar derribarnos y destruirnos tanto, que su propia vida se le escapó de sus manos. Mientras ella realmente pasaba sus días observando cada uno de nuestros movimientos, nosotros estábamos trabajando para recuperar lo que se había perdido. Enfocándonos en nuestra propia salud y bienestar; creciendo y sintiéndome mejor a medida que pasaban los días.

Una cosa es admirar y estar inspirado por alguien; personas a las que respetas por sus virtudes, hábitos, modales, por su éxito y su trayectoria... Pero acosar, obsesionarse y fingir es algo completamente diferente; algo que puede llevarte por un agujero profundo e interminable.

Al mismo tiempo, puedo ver cómo todos buscan la fama y siguen carreras que les darán un foco de atención, pero aquí está la cuestión: **hay una línea muy delgada y fina entre querer ser "famoso" y querer inspirar a miles o millones de personas.** ¿Dónde está esa línea? Justo en los cimientos. Una base verdadera y sólida se construye siendo humilde, honesto y genuino; una vez más, comenzando con amor. Creo que hay una razón detrás de cada uno de nosotros en esta Tierra. **Creo que cada uno de nosotros tiene un potencial ilimitado y sólo nos corresponde a nosotros empujar y descubrir.**

MUÉSTRALE AL MUNDO DE QUÉ ESTÁS HECHO, MUÉSTRALE TU VALOR, TU SINGULARIDAD, TU BRILLO… MUÉSTRALE EL REGALO QUE ERES.

SÉ TÚ MISMO, NO TU IDEA
DE LO QUE PIENSAS QUE ES LA IDEA
DE ALGUIEN MÁS DE LO QUE DEBES SER.
—HENRY DAVID THOREAU

Todo lo que tienes corriendo por tu mente son pensamientos y no son reales, son sólo energía. Yo aprendí esto de una forma ruda y tremenda. Cuando naces eres bienvenido a esta Tierra sin creencias ni juicios; naces limpio, luego, todo tu sistema de creencias es establecido por tu familia y aquellos que te crían, las personas con las que pasas el rato y también por tu entorno, como lo que ves, lees o escuchas.

Por ejemplo, cuando era niña tuve muchos contratiempos. Usaba lentes para ver y brackets dentales. Era una niña llenita, lo que me hacía sentir como un patito feo. Además, me enfermaba muy seguido y dentro de mi familia, una que desde fuera parecía una familia perfecta, me sentía como un extraño. Sentía que yo era la que siempre estaba rompiendo el molde, saliéndome de ese cubo; yo era la rara y la diferente.

Estoy aquí para decirte que **no eres lo que otros piensan de ti.** Todo mi sistema de creencias, aquel que una vez me impusieron, era falso en su mayor parte, hasta que descubrí quién soy realmente, lo que me gusta, lo que no y lo que represento. Haz lo que te haga feliz, haz lo que llena tu corazón y tu alma sin fin... Siempre comenzando con el amor.

SÉ AMABLE Y NO JUZGUES.
NI SIQUIERA A TI MISMO.

Las personas siempre se harán una idea de quién creen que eres, pero nunca lo sabrán con seguridad hasta que realmente tú los dejes entrar. Lo más triste es que muchos piensan que tienen derecho a decir algo cuando no deberían hacerlo. Todavía recuerdo un día en la universidad, en que se me acercó un chico al que nunca había visto, de repente me preguntó por qué sonreía tanto, me dijo que era rara y que no era normal estar hablando y sonreír al mismo tiempo.

¡¿Lo puedes imaginar?! Nunca olvidé ese momento porque la positividad y ser una niña sonriente ha sido mi rasgo desde que nací, está en mi naturaleza. Desde el momento en que me dijo eso *—una persona a la que ni siquiera puedo ponerle cara porque no lo conozco—* su comentario se tatuó en mí. Pasé tiempo practicando en el espejo tratando de hablar más seriamente sin la sonrisa, pero fue increíblemente difícil.

Nunca me imaginé que mi sonrisa se desvanecería por sí sola a lo largo de los años después de todo lo que viví. Cuando la recuperé, recordé esa historia y pensé, *¡qué nefasto! Qué estúpida fui por pensar que él tenía razón.* ¿¡Cómo puede ser malo sonreír, honestamente!? Gracias a Dios, no escondo más mi sonrisa.

NO DEJES QUE LAS INSEGURIDADES DE OTRAS PERSONAS, SU FALTA DE SUEÑOS Y VISUALIZACIONES TE IMPIDAN CONSTRUIR TU PROPIA VIDA DE ENSUEÑO Y LLEGAR A TU META.

Un día estaba en Puerto Vallarta con mi mamá, mi tía, mi tía abuela y una amiga suya. Esta señora parecía como si simplemente odiara su vida. Estaba harta de todo y pasó toda la tarde quejándose casi de todo. Básicamente habló de cómo estaba esperando a que llegara la hora de su muerte. En sus propias palabras: "Todos vamos a morir, mejor espero a que suceda y luego, todo se terminará."Paralelamente yo estaba honrando y trabajando en mis propias secuelas de lo vivido y el odio que fue implantado en mí a través de Lora y su familia.

Recuerdo que esta señora mencionó que odiaba a su cuñado, a lo que le sugerí sin rodeos que intentara perdonar y seguir adelante para tener paz interior y vivir el resto de su vida en armonía, tranquila y simplemente disfrutando el momento.

Su respuesta fue sorprendentemente tribal:

—¡¿Qué?! ¿De qué hablas? ¿De verdad crees que voy a presentarme en su casa, tocar a su puerta y pararme cara a cara para decirle que lo siento cuando no he hecho nada malo? —me miró fijamente con los ojos muy abiertos y penetrantes.

Le platiqué un poco de cómo no es necesario reunirse con nadie físicamente para perdonar y sólo agregué:

—Sabes, nunca hablo de esto, pero en realidad yo pasé por algo muy difícil en el pasado y...

—¡Ay! Mi vida, estás bien jovencita. ¿Pero qué podrías haber pasado a tu edad? No has vivido lo suficiente, no conoces nada todavía —me interrumpió sin dejarme siquiera terminar.

Me voy a detener aquí, porque esta es la parte importante y, *sí*, lo dijo.

La edad no tiene nada que ver con la experiencia y el conocimiento. Parte de ello sí, pero el resto depende del trayecto de tu vida y las batallas que a veces aparecen sin previo aviso en los años más jóvenes, como me pasó a mí. Una parte de mí quería gritar y decirle todo lo que me había pasado, pero la otra parte de mí, la parte que ha sanado, me hizo detenerme, respirar y sonreír. Me di cuenta de que nunca iba a cambiar su forma de ver la vida y, al mismo tiempo, no le debía una explicación.

Mi punto de todo esto es que la gente siempre tendrá una opinión, siempre hablará: déjalos. **No pierdas tu tiempo y energía tratando de demostrar tu valía ante los demás.** Al único al que necesitas demostrar tu valía es a ti. Demuéstrate que tienes integridad, empatía, dignidad, humildad y amor. Demuéstrate que eres lo suficientemente fuerte para superar los momentos de desesperación, ya sean fáciles o difíciles, en cualquier momento de tu vida.

Después de mis tribulaciones y luchas, sentí la necesidad de rodearme de personas que compartieran mis valores. Quería rodearme de personas reales, sólidas, humildes y de buen corazón, en lugar de buscar la superficialidad y las cosas materiales. Sentí la necesidad de rodearme de soñadores y emprendedores como yo.

Nunca llegarás a tus metas quedándote en tu zona de confort. Parte de tu zona de confort puede ser tu círculo íntimo y las personas con las que te relacionas. Si ellos no se mueven en tu sentido, si sólo se ríen de tus "sueños imposibles", si sólo te dicen cómo "nunca llegarás a ese sueño", estos no son amigos de verdad.

Tienes un don increíblemente único, sólo hay un tú en este mundo. Mereces ser feliz, mereces vivir la vida de tus sueños, nunca permitas que nadie te diga lo contrario. Deja que la gente hable, no saben ni la mitad de tu historia. Nadie sabrá lo que sucede a puerta cerrada, a menos de que tú lo permitas. Sé egoísta, pon tu energía, tu bienestar y a ti primero. Sí: ÁMATE PRIMERO.

ÁMATE PRIMERO Y TODO LO DEMÁS SE ACOMODA SOLO. EN VERDAD TIENES QUE AMARTE PARA HACER CUALQUIER COSA EN ESTE MUNDO.

—LUCILLE BALL

Hasta que te enfoques en tu vida en lugar de concentrarte en la vida de otras personas, verás un crecimiento y aprenderás a ver tu verdad. Hace unos días, encontré algunas líneas que escribí hace unos años en un diario. Estas líneas son mis verdades, algunas de las cuales aprendí con el tiempo:

- *Soy terrible mintiendo, siempre lo he sido. Siempre trato de seguir las reglas y hacer lo correcto.*
- *Soy una luchadora. No me rindo fácilmente y siempre encontraré la manera de llegar a donde necesito.*
- *Siempre estoy dispuesta a hacer sonreír a la gente y a difundir el amor.*
- *Me gusta mantener mis asuntos en privado; no me gusta que la gente sepa cada uno de mis movimientos* —y ahora más que nunca, ya sabes por qué.
- *Soy tan clara como el agua; lo que ves, es lo que es.*
- *Ya no tengo miedo.*

Cuando escuché estas líneas de la canción "Doubt" de Mary J. Blige, entraron directo a mi corazón; resonaron plenamente con el trayecto de mi vida:

Crees que sabes
pero no sabes la mitad
crees que me derribaste
pero yo seré la que ría al último
Me seguiré levantando
porque eso es lo que voy a hacer
Voy a ser mi mejor yo
lo siento si te mata.

Te sugiero que comiences a escribir tus propias verdades. Cuando sabes quién eres realmente, nadie podrá moverte de tu centro o lastimarte con tanta facilidad, porque tendrás un núcleo más fuerte y ya nadie te hará dudar de ti.

La pregunta real

¿Qué haces cuando te sientes estancado o atrapado?

Una de las cosas que hago a diario es rezar. La oración no sólo me da esperanza, sino que me acerca un paso más a la fe, a la Divinidad, a Dios. Aunque las oraciones no siempre son respondidas como queremos, he aprendido a leer entre líneas. **Siempre hay un mensaje oculto, una lección escondida detrás de cada percance.** Elijo creer que siempre hay una razón por la cual está sucediendo cierto evento.

¿Alguna vez has pensado que a veces el rechazo puede ser una forma en que el Universo nos protege de elegir el camino equivocado? Puede que no lo veamos en ese instante, pero siempre hay algo más grande esperándonos ahí afuera, y hasta que estés completamente listo, podrás abrir los brazos y recibirlo.

Como mencioné, yo pensé que estaba lista en innumerables ocasiones; sin embargo, con el paso de los meses, me di cuenta de que no lo estaba. *"Ten paciencia"* fue la frase que escuché una y otra vez a lo largo del período más difícil de mi vida *—todavía la escucho.*

Aaahh... Paciencia...

Esta palabra es agridulce para mí. Siempre que pienso que he trabajado en mi paciencia más que nadie que conozco, y que la he llevado a niveles extremos, ocurre algo que me rompe ***—la paciencia es una lección interminable—*** y luego pienso en esta frase mágica de nuevo: *"Ten paciencia"*, en ese momento, me centro y elijo ser paciente una vez más; confiar y tener fe cada día.

CONFÍA EN QUE EL UNIVERSO TIENE UN PLAN MÁS GRANDE PARA CADA UNO DE NOSOTROS.

Nunca pensé que sería artista, jamás me vi como tal hasta que descubrí de la manera más extraña posible un talento oculto que tenía y del que la gente estaba ansiosa por saber más. **Descubrí un talento que se convirtió en mi pasión y una pasión que se convirtió en mi trabajo, un trabajo detrás del cual encontré un propósito más grande.** Cuando fusionas tu propósito y tu pasión, has ganado el premio mayor porque significa que estarás caminando por un camino de alegría, paz interior y, por lo tanto, un camino de amor.

Cada uno de nosotros tiene dones únicos, debemos enfocarnos en ellos. El primer paso es ser completamente honesto contigo para que sepas con certeza qué te gusta y qué no te gusta, lo que realmente defiendes y lo que realmente quieres.

La verdad desbloquea enormes niveles de confianza y claridad, y crea un cimiento más estable para caminar, el cual te sostendrá. Ya no necesitas esconderte ni fingir, todo esto se trata de ti, de tu don, tu brillo y tu color. Si deseas alcanzar tus metas, debes tener en cuenta el establecimiento de intenciones reales, una intención que viene directamente del corazón por un bien superior.

LA HONESTIDAD ES EL *PRIMER CAPÍTULO* EN EL LIBRO DE LA SABIDURÍA.

—THOMAS JEFFERSON

UTILIZA SIEMPRE TU VIDA, TU ENERGÍA, TU PASIÓN Y TUS DONES PARA INSPIRAR Y AYUDAR A LOS DEMÁS. UNA INTENCIÓN QUE SIRVA DE MANERA DIRECTA O COLATERAL A LOS DEMÁS.

No se trata de lo que los demás esperan de ti, sino que proviene de lo más profundo de tu pasión, de tu alegría y de tu corazón, y así cambiará y tocará a los demás a través de esta pasión recién descubierta. **Debemos levantarnos unos a otros, energizarnos y elevar la vibración de este planeta; aumentar y difundir el amor.**

Por otro lado, parte de encontrar tu verdadero propósito es tomar riesgos, atreverse y fallar; es completamente normal. Está bien tener miedo, pero debes saber que sin tomar riesgos es posible que no alcances tus sueños más grandes y descabellados. Sé valiente y hazlo; ser intrépido no es no tener miedo, sino estar aterrorizado y, sin embargo, seguir aventándote.

Yo arriesgué mucho en mi carrera como artista. Aposté por una carrera de la que no sabía nada y una carrera en la que ninguno de mi familia pensaba que era un medio para ganarse la vida. Así que decidí tomar cursos, conectarme y hacer todo lo posible para entrar y navegar en el mundo del arte. Invertí grandes cantidades de dinero no sólo en estos cursos sino también en ferias internacionales de arte, en las que ni siquiera vendí una de mis obras.

Hay al menos dos ocasiones en las que recuerdo cómo el dinero de mis cuentas bancarias se redujo a números amenazantes, dejándome casi en la ruina. En un momento mi cuenta personal tenía sólo 200 dólares y mi cuenta de ahorros 2,100 dólares *—normalmente exhibir en grandes ferias de arte puede costar más que eso—*. Todavía puedo recordar mi estrés fluyendo y la tensión creciendo.

Pero si hay algo que aprendí cada vez que esto sucedía fue que **el dinero aparece sin previo aviso cuando realmente lo necesitas**, ya sean 10, 100 o 1000 dólares. Así que de nuevo, con todo esto, simplemente lo dejé fluir.

Y debes saber que el dinero llega de muchas formas diferentes: puede ser físicamente a través de tus ingresos o un préstamo; quizás aparezca en forma de algún descuento, o a lo mejor mientras tienes gastos frecuentes que se acumulan, alguien te invita la cena o alguien paga tu parte. Pon atención en estos detalles para que puedas agradecer cada vez que el dinero se presente ante ti como medio de alivio.

No todos los riesgos implican dinero, ¿sabes? Para mí, el día que dejé de tomar las píldoras de metformina, aunque estaba aterrada de hacerlo, decidí apostar mi fe y mi convicción en los remedios homeopáticos. Afortunadamente funcionó. Si no hubiera cambiado de medicamento, no sé si estaría viva el día de hoy. Por otro lado, cuando todos mis médicos me abandonaron y no sabían cómo curarme, aposté por la única doctora *—Rossy—* quien finalmente me ayudó, a pesar de que yo no estaba segura si funcionaría.

Está bien estar cansado y querer rendirse de vez en cuando, pero reincorpórate y sigue adelante.

ABRIRSE, DESPERTAR Y SANAR
ES UN COMPROMISO.

Por lo tanto, es tu elección si permaneces roto y completamente cerrado, o si te levantas y luchas. Confío en que cada experiencia que se nos presenta es una tarea para sanar cierto aspecto de nuestra vida.

Cuando sientas que estás fallando, que has hecho y has dado todo de ti, cuando sientas que el mundo está en tu contra, detente y escucha a tu cuerpo; sé consciente de ello. Piensa en la experiencia por la que estás pasando y en lugar de preguntar: *¿Por qué siempre a mí?,* intenta preguntar: *¿Para qué está pasando esto?* Siempre hay una respuesta.

El camino para llegar allí comienza con centrarse y equilibrarse. Haz una pausa, respira, medita y escucha el silencio en tu mente. **Este silencio es el más poderoso; es un silencio que tiene la capacidad de guiarte hacia lo que deberías sanar.**

Al observar las pequeñas cosas, también debes leer entre líneas. Cuando surgen contratiempos y problemas, nuestro cerebro nos ciega y no nos deja pasar por alto el dolor y la situación; sin embargo, si miras más allá de eso, verás que hay una razón detrás de todo, aunque es posible que no la veamos en ese momento. Yo no la vi durante años hasta que llegué al otro lado del túnel y obtuve mucha más claridad; luego encontré esa luz cegadora. Encontré un nivel de comprensión que nunca antes fui capaz de captar. Hoy, cuando surge una situación, sé detenerme, respirar y centrarme antes de reaccionar y antes de permitirme malinterpretar o ser irracional.

Me he dado cuenta de que como seres humanos, nos gusta pensar en nosotros como seres "perfectos" y tenemos una tendencia a señalar y culpar a los demás por nuestros errores o situaciones que se escapan de nuestro control. ¿Adivina qué?, nadie es perfecto.

Cuando estropeas las cosas, cuando causas un percance, si tienes la culpa de algo, acéptalo. No hay nada más honorable que reconocer tus errores. Nada es más grande que ser honesto y tener integridad. Al final del día todos somos humanos y parte de mejorar como individuos es **entender y perdonar.** Estas dos virtudes son claves para sanar y para que alcancemos nuevos niveles en este viaje espiritual en el que estamos, así como son importantes para encontrar nuestro verdadero propósito.

No mires atrás y te quedes atorado en el pasado, en el "*si tan sólo hubiera...*" Pon atención y busca oportunidades y momentos para avanzar, aprender, crecer y alcanzar otra etapa en esta vida. **Cada elección que tomamos va a aumentar nuestra energía o la va a agotar.**

Por ejemplo, cualquier tentación de dieta a la que te rindes y luego te sientes culpable, hacer cambios malos y extremos en tus hábitos alimenticios que potencialmente te hacen daño, postergar las cosas cuando sabes que necesitas terminar un trabajo o cuando sabes que debes ir a correr o tomar tu clase de yoga; todas estas son elecciones que se basan en el miedo y, por lo tanto, por muy poco que te molesten, te están drenando. Otro gran y muy común ejemplo es éste que debes tener en cuenta: cada vez que dices "sí" cuando quieres decir "no", te estás faltando al respeto, te estás agotando y drenas tu energía. **Empodérate escuchando tu voz interior, construye una fuerza de voluntad más fuerte y alimenta tu alma siguiendo el camino de lo que realmente es bueno para ti.**

LA VIDA ESTÁ LLENA DE MOMENTOS.
CADA SEGUNDO CUENTA, CADA ELECCIÓN
IMPORTA; ÚSALOS CON SABIDURÍA.

Esta vida está aquí para mostrarnos una forma de mejorar y crecer espiritual y energéticamente a medida que avanzamos con cada elección que tomamos. Cada prueba es una tarea que el Universo nos envía para ayudarnos a alcanzar nuevas y mejores etapas que nos harán más humanos, más centrados y, por lo tanto, más presentes. Para guiarnos a alcanzar nuestro mayor potencial y para ayudarnos a descubrir nuestro verdadero propósito que luego nos llevará a nuestro despertar completo a ese lugar de plenitud e iluminación al que estamos destinados. Un lugar de poder interior, increíble paz y una mayor sabiduría.

Puedes pensar que todo lo que quieres es poder, pero tienes que saber que **el poder es inútil si no posees una sabiduría completa y total.**

Está bien romperse y llorar cuando no puedes soportarlo más, es bueno dejar salir todo y soltarlo. Ser vulnerable no significa ser débil de ninguna manera; **ser vulnerable sólo te hace más valiente.** Cuando enfrentas tus miedos, cuando honras lo que estás sintiendo o lo que sea por lo que estés pasando, eres valiente, eres fuerte, eres un luchador; eres un superhumano.

No muchos aceptan el desafío. Pocos se abren y dejan que el dolor les enseñe. ¿Sabes lo que aprendí?, cuando la vida te presenta un obstáculo y no lo enfrentas, si no aprendes la lección, es probable que sigas cayendo y fallando hasta que lo hagas. Porque **sólo hasta que haya ese aprendizaje, tendrás una claridad más profunda y una comprensión más amplia de todo** y habrás ganado un súper poder que será inmensamente útil en tu próxima batalla; ¡créeme!

No importa cuán malos fueron los tiempos para mí, sé que sin esos años de lucha, dolor, sufrimiento e incertidumbre, no estaría aquí haciendo lo que hago ni parada donde estoy. Pensar en esos días es lo que hoy me da la fuerza para alcanzar metas más altas.

Cuando estaba pasando por mis momentos más oscuros, necesitaba luz, color, alguien que me comprendiera y me dijera: “Todo va a estar bien, March, estoy contigo”, pero no lo tuve. Entonces, mi misión se convirtió en difundir el amor, darle color a tu vida, alegrar tu día y hacerte sonreír siempre que sea posible a través de mi arte. A través de mis batallas más duras, no sólo me encontré, sino que encontré el verdadero significado y propósito de mi vida.

UNO DE LOS MÁS GRANDES
DESCUBRIMIENTOS QUE HACE EL HOMBRE,
UNA DE SUS GRANDES SORPRESAS,
ES ENCONTRAR QUE PUEDE HACER
LO QUE TEMÍA QUE NO PODÍA HACER.
—HENRY FORD

Indaga

Estar presente es una elección que tienes que hacer constantemente porque cuando no estás en el momento, te has olvidado de estar presente y disfrutar de cada segundo. Suena imposible incluso para mí, pero la clave es hacerlo consciente, y luego poco a poco, lo lograremos. No soy para nada perfecta, muchas veces me olvido de estar presente a lo largo de mi día, pero definitivamente trato de volver al momento cada vez que recuerdo esta noción.

Me siento como un conejillo de Indias con la que se han probado muchos experimentos; es triste, pero es verdad. He probado innumerables recursos de sanación y, sin embargo, el único por el que metería mis manos al fuego es la meditación. Una vez me dijeron que podía regenerar todas las células de mi cuerpo y que lo lograría si quisiera; honestamente, me reí de manera impulsiva porque parecía una gran mentira. Déjame decirte algo, estaba completamente equivocada.

ES POSIBLE, SUCEDIÓ, LO HICE.

Por supuesto no lo hice yo sola; como el doctor Joe Dispenza dice, es trabajo en equipo. Él regeneró y sanó su columna después de un accidente en el que le dijeron que nunca volvería a caminar. Yo lo hice con mi *equipo estrella* y por medio de muchas herramientas que fueron puestas en mi camino.

Nuestros cuerpos están perfectamente diseñados por lo Divino, tanto que cada vez que comienzas a enfermarte o sientes algún síntoma, tu cuerpo básicamente te está hablando; pidiéndote que hagas una pausa y respires. Cuando no puedes controlar tus emociones, éstas comienzan a amontonarse una encima de otra, impregnándose profundamente en ti y debilitando tu sistema inmunológico. Si no intervienes instantáneamente, todo se convierte en estrés que luego crea malos hábitos en tu vida que pueden variar de muchas maneras: alcohol, procrastinar, comer en exceso, arrancarse el pelo, fumar, drogas... y después, estos malos hábitos se convierten en síntomas más densos que si no se atienden, podrían convertirse en una enfermedad más grande y amenazante.

Verás, es un ciclo vicioso al que si no le prestas atención, puede llevarte a un agujero profundo y sin fin. Algo así fue lo que me sucedió, hablando desde un punto de vista clínico. Estaba tan estancada y entumecida emocionalmente que comencé a sentirme extremadamente ansiosa, lo que llevó a una descompensación severa en todos los sistemas de mi cuerpo. El estrés emocional, físico y mental en el que me encontraba era constante y aumentaba sin control.

En el 2015, cuando llegué a mi peor momento, era demasiado para mí, lo que me llevó a tener niveles de cortisol extremadamente altos. (El cortisol es la hormona del estrés producida por las glándulas suprarrenales, cuando se activa, afecta al cuerpo de manera brutal con síntomas como aumento de peso —particularmente alrededor del abdomen y la cara—, acné, vello facial en mujeres y períodos menstruales irregulares, entre otros.) Esto me pasó a mí y al verme, me estresé más; por lo tanto, los síntomas aumentaron. Se convirtió en un ciclo vicioso y agotador.

¿Mi punto con todo esto?, sólo hasta que controles tu estrés, este ciclo culminará. Por eso la meditación y la respiración son tan importantes. Cuando las practicas, cuando te sientas, cierras los ojos y enfocas tu atención en tu respiración relajada, conectas tu mente con tu cuerpo. Luego permites que tu alma esté presente, que te mantengas en calma y te conectes con el Universo: *la fuente de energía.* Al practicar la meditación, te permites permanecer presente en el momento, ayudando y permitiendo que tu cuerpo se regenere y desarrolle un sistema inmunológico más fuerte, un cuerpo con cimientos sólidos que se construye con sinceridad y verdad. **Porque en ese momento, lo único que existe eres tú.**

La forma en que funciona la meditación es a través de esos diez minutos de soledad y trabajo de respiración que te centrarán completamente, y estar centrado enviará ondas de completa paz y serenidad a tu cuerpo para darle energía y fuerza a cada una de tus células.

Como muestra el documental *Heal*, donde el doctor Joe Dispenza, bioquímico, neurocientífico y autor, evaluó a ciento veinte personas durante cuatro días y medio para ver si sus niveles de estrés y sus sistemas inmunológicos experimentaban algún cambio con la meditación. Al final de la prueba, los niveles de cortisol disminuyeron y los sistemas inmunológicos aumentaron extraordinariamente como una "defensa primaria contra las bacterias, que es mejor que cualquier vacuna contra la gripe", en palabras del doctor Dispenza.

Otra gran ventaja de la meditación es que puedes hacerlo en cualquier lugar. A veces medito en mi casa, otras al aire libre, si estoy de viaje puede ser en el avión, a veces incluso en la alberca; hay muchos lugares donde puedes sentarte, relajarte y empezar a respirar. Cuando mi mente está más tranquila, me gusta comenzar mi meditación agradeciendo. Algunos días me gusta meditar con música o sonidos de naturaleza, y hay días que simplemente medito para liberar lo que estoy sintiendo y no pensar en nada *—o al menos intentarlo.*

"Pero, ¿qué pasa si no me puedo concentrar, March?", puedo escucharte preguntar.

La mayoría de las veces, mientras medito, mis pensamientos se dispersan como locos, ya sea con mi lista de cosas por hacer, lo que me pondré ese día, lo que comeré, el problema del momento... ¡Y es completamente normal! Es cuestión de practicar y simplemente regresar tu atención suavemente a la respiración cada vez que pierdes la concentración. Yo juraba ser alguien que jamás podría meditar, no podía mantenerme tranquila; a mí me gusta el movimiento, brincar, bailar, sudar... pero eventualmente encontré ese punto de paz y fue lo mejor que aprendí. Llegarás allí, lo prometo.

Sanarse y regenerarse no es sólo una forma de pensar, sino que también se trata de creer desde lo más profundo de tu corazón.

SI NO CREES, NUNCA LLEGARÁ NADA A TI.

Fusionar tu mente, tu cuerpo y tu alma, encontrar el equilibrio de este triángulo, te ayudará a alcanzar tu máximo potencial; yo lo experimenté. Mis células, mis órganos y mi cuerpo entero se regeneraron. Mi concentración aumentó. Siento una paz interior que nunca sentí y mi sistema inmunológico se ha mantenido en niveles increíbles.

Tengo un largo camino por recorrer. Definitivamente, no soy profesional en la meditación, ni lo hago diariamente durante horas; pero he descubierto que tan sólo quince minutos de meditación, encontrar tiempo para mí o incluso escuchar música, hacen maravillas. Creo que todo ser humano debería incorporar esta práctica en su rutina diaria, al menos durante cinco minutos para desconectarse de las prisas, el estrés y el ruido al que nos enfrentamos y que se agrava día a día.

Al mismo tiempo, parte de la práctica de meditación es agregar una intención a tu día, una que te lleve a comenzar con el pie derecho y por el camino correcto. **La intención debe provenir directamente del corazón siempre para un bien superior,** recuerda esto siempre.

A mi manera de ver, se nos han dado muchas herramientas excelentes para crecer, aprender y sanar. Depende de nosotros hacer uso de ellas o desperdiciarlas. Estas herramientas nos ayudarán a alcanzar el equilibrio, que aunque no durará para siempre, te llevará de regreso a tu centro para restablecerte, tener más claridad, estar presente y comenzar de nuevo cada vez que lo necesites.

Parte de centrarte y estar equilibrado es **permitirte sentir el dolor, la lucha y el estrés... Porque, al final del día, sin miedo no hay valor.** La única razón por la que sané de formas tan asombrosas, fue porque tomé todas las herramientas que me dieron y las fusioné con todo mi corazón, mi fuerza de voluntad y mi convicción, y seguí luchando todos los días durante años.

Hice lo que tenía que hacer.

Mi equipo estrella está formado por la doctora Rossy: *iridóloga/homeópata*; Arny: *experto en nutrición*; Josh: *quiropráctico/manipulador de ligamentos*; Vale: *fisioterapeuta* y V, *mi sanadora y mentora.* De no haber trabajado con todos ellos y fusionado sus diferentes terapias, remedios y medicinas, este libro probablemente no existiría y yo probablemente no estaría aquí para contar esta historia.

DIOS PROPORCIONA EL VIENTO,
PERO EL HOMBRE *DEBE ALZAR* LAS VELAS.
—SAN AGUSTÍN

Excusas hay muchas, pero ¿cuántas ganas tienes de sanar por completo y de descubrir tu potencial? Creo que cuando realmente la estás pasando mal, cuando realmente te duele y estás sufriendo, harás lo que sea necesario para sentirte bien y mejorar sin hacer preguntas.

SI RECHAZAS EL MÉTODO Y EL PROCESO QUE EVENTUALMENTE TE AYUDARÁN, ENTONCES TU DOLOR Y TU LUCHA NO SON TAN INTENSOS COMO PIENSAS.

Este mundo está lleno de herramientas que eventualmente te llevarán hacia donde debes estar. ¿Las utilizarás? Si es así, hazlo con sabiduría. **Todo requiere de tiempo, paciencia, resiliencia y, sobre todo, fe y convicción.**

Estas son algunas de las herramientas y prácticas por las que tuve que pasar y probar durante años, así como algunos hábitos que agregué a mis rutinas para recuperarme adecuadamente y llegar a donde estoy ahora: Cambios en hábitos alimenticios —principalmente alimentos sin conservadores/totalmente naturales—, cambios en hábitos del deporte. Decretos y afirmaciones, escribir, escuchar música, homeopatía —sin medicamentos alopáticos a menos que sea necesario—, lectura, meditación, escuchar mantras, reiki, respiraciones, sound-healing; terapias del sonido, suplementos específicos, terapias de imanes, terapia física, quiropráctico, visualizaciones, yoga...

Yo no habría descubierto todo mi potencial sin ser vulnerable, un valor que puedes descubrir cuando excavas hasta lo más profundo. Se necesita valor para escalar la montaña, para pedir ayuda, alzar la voz, hablar de sentimientos, aceptar tu historia y, créeme, todos tenemos una.

Contar mi historia, plasmarla en lienzos y compartirla ha sido una de las cosas más difíciles que he hecho en mi vida, pero definitivamente me hizo más fuerte y me dio más seguridad. No habría descubierto todo mi potencial sin traspasar los límites, sin verme obligada a salir de mi zona de confort; salir tan lejos que tuve que confrontar a mis propios demonios. Es muy fácil rendirse, pero si piensas en las posibilidades una vez que derribas ese enorme muro, te sorprenderás al encontrar todo lo que eres capaz de hacer y todo lo que puedes lograr.

Descubrí mi nivel de fuerza después de mirar hacia atrás y ver la montaña que había escalado. Descubrí mi capacidad de afrontamiento, resiliencia y resistencia después de haber sido derribada día tras día. Aprendí que la paciencia nunca se aprende por completo, sin importar cuántas veces se haya probado, es una virtud que se trabaja diariamente. Aprendí a estar cómodamente sola, conmigo, a levantar mi voz, a pedir ayuda sin importarme lo que piensen los demás y a tener confianza en mí hasta experimentar muchos momentos de vergüenza.

Encontré el verdadero significado de la confiabilidad después de haber experimentado las traiciones más duras. Comprendí el valor de la vida al ser perseguida constantemente por la muerte. Aprendí a quedarme quieta, tranquila, a respirar y estar presente al ser sacudida desde mis entrañas y a vivir en incertidumbre y miedo. Cuando sentí el odio más duro y profundo, fue cuando experimenté el amor más grande, puro y honesto. No fue hasta que cavé un hoyo oscuro y turbulento, que experimenté los momentos más altos y plenos de mi vida.

NO PUEDES TENER VALOR SIN CAMINAR *A TRAVÉS DE LA VULNERABILIDAD*, PUNTO.

—BRENÉ BROWN

Al final del día, es cierto cuando dicen que hasta que perdemos cosas nos damos cuenta de su valor. Creo que la mejor manera de aprender de la vida, de crecer y de comprender, es con caídas, recibiendo golpes y fallando, hasta que aprendes a ver más allá de la curva. Entonces estás preparado porque una vez que caes en un agujero, es probable que no vuelvas a caer en el mismo alguna vez.

No siempre estaremos preparados, ya que no sabemos exactamente qué obstáculo pondrá el Universo en nuestro camino, pero tendremos una perspectiva más amplia a medida que aprendamos y crezcamos, y estaremos lo suficientemente centrados para pensar con claridad antes de tomar una decisión.

TIENES QUE MANTENER UNA MENTE ABIERTA, UN CORAZÓN ABIERTO Y UNA FE ABIERTA PARA CRECER Y APRENDER.

Al conocer tus debilidades, vas a desarrollar tus fortalezas y aprenderás a usarlas inteligentemente.

Pasaron años antes de que pensara que podía sentirme como una líder, nunca imaginé que fuera capaz de algo por el estilo. Después de muchas caídas, me di cuenta de que había descubierto un lado de mí que me apasionaba intensamente, donde lo único que quería era inspirar a las personas y hacerles saber cómo cuenta cada historia. Cómo vale la pena cada batalla. Cómo puedes alcanzar una sensación de paz interior y felicidad *—especialmente después de haber tenido mi luz cubierta durante tanto tiempo—* y hacerte saber cómo tu color y tu luz son exactamente lo que el mundo necesita en este momento: positividad, buena vibra, humildad, talento, bondad, empatía, compasión... *Amor.*

Después de años de lucha me di cuenta de que tenía un propósito más grande. Descubrí poco a poco que la gente confiaba en mí, que siempre que necesitaban un hombro para apoyarse, se me acercaban. Me decían que de alguna manera se sentían más tranquilos. De alguna manera les daba más claridad, los hacía sentir bien y noté cómo me estaba convirtiendo en una luz para ellos, una luz que los guio a su despertar o a su camino.

Me siento obligada a ayudar cuando veo a alguien en problemas, especialmente si es alguien a quien amo y sé que tiene el corazón para evolucionar. Está en mi sangre y en mi corazón extender una mano, siempre he sido así. La única diferencia es que aprendí a trazar mis límites y ahora sé cuándo decir "no"; especialmente después de que se aprovecharon de mí durante años. Ahora he aprendido a escuchar mis instintos y mi voz interior *—ahora sé en quién confiar.*

Desarrollé mi intuición a través de mi meditación y la respiración, tanto, que se siente como si tuviera un ojo clínico *—un escáner en mí—* donde puedo sentir y detectar la energía de una persona de inmediato, pues la energía que uno irradia habla por sí misma.

CUANDO INDAGAS EN LO MÁS PROFUNDO DE TU SER, ENCONTRARÁS UN ENORME TESORO.

Parte de ese tesoro es aprender a vivir en el ahora. Estar presente, disfrutar y apreciar las pequeñas cosas de la vida que expandirán tu paz interior y la confianza en ti. Un presente que llenará tu alma sin fin y te guiará siempre al amor, con amor, por amor, y te dará completa libertad.

SOLTAR TE DA LIBERTAD, Y LA LIBERTAD
ES LA ÚNICA CONDICIÓN PARA LA FELICIDAD.
SI EN NUESTRO CORAZON TODAVÍA
NOS AFERRAMOS A CUALQUIER COSA
—ENOJO, ANSIEDAD O POSESIONES—
NO PODEMOS SER LIBRES.

—THICH NHAT HANH

4. EL TESORO

El trayecto fue un infierno,
pero me trajo al cielo.
—TAYLOR SWIFT ("Invisible String")

LA COLA DEL COMETA

Un día mientras recordaba mi vida, pensando en cada evento que se desarrolló convirtiéndose en un caos masivo con un efecto de bola de nieve, todo causado por pura energía negativa y oscura, un pensamiento vino a mi mente: *Si la magia negra existe, ¿por qué no existiría también la buena; la magia blanca?*

Y esta es la cuestión: sí existe.

CUANDO SUCEDE ALGO INEXPLICABLE
Y BUENO, SE LE LLAMA MILAGRO.

Es una palabra que suena como de cuento de hadas y como si viniera de una tierra lejana. Continuamente elegimos no creer en ellos pensando que los milagros sólo se ven en las películas, pero **los milagros están sucediendo a nuestro alrededor, todo el tiempo**. Sólo necesitamos estar alerta para verlos y, como lo he dicho, lo más importante es creer.

Durante años mi enfoque principal se centró en sobrevivir, por lo que apenas puedes imaginar lo aislada, solitaria y privada que era, pero por encima de todo, el agotamiento constante con el que vivía. Cerrar ese capítulo fue surrealista y genial, pero al mismo tiempo anormal y extraño. Pasé años en espera, rezando con el deseo de un cambio en mi vida, en mi rutina, en mi corazón y en mi carrera… En todos los aspectos, porque nada del pasado parecía correcto.

Si hay algo que sé, es que la felicidad y la realización no eran algo con lo que estuviera familiarizada. La felicidad y la paz interior no eran cosas a las que estuviera acostumbrada en absoluto. Toda mi vida, lo único que había conocido eran luchas, bloqueos, contratiempos, accidentes, dolor, incertidumbre, soledad, inconsistencia... Pero finalmente sentí un cambio en la energía y, de repente, supe que todo sobre esa oscura experiencia estaba llegando a su fin.

Cuando el 2020 estaba por terminar, estaba en Puerto Vallarta en mi balcón mirando hacia el mar, justo a tiempo para ver el atardecer; si no has estado allí, debes hacerlo. Los atardeceres en Bahía de Banderas son algo fuera de este mundo; increíblemente coloridos, hermosos y llenos de gran energía. Era 31 de diciembre, decidí meditar en ese momento exacto, durante la última puesta de sol del 2020.

Mientras meditaba, enfoqué mi atención en la inmensa gratitud que estaba sintiendo respecto a todo lo vivido ese año, porque aunque fue uno de los años más duros, no sólo a nivel mundial, sino a nivel personal, la idea de cerrar este capítulo y sentirme completamente sana y libre me invadió, y de repente, las lágrimas comenzaron a correr por mi rostro. Fue un momento muy especial para mí y uno de los momentos más hermosos que he experimentado durante la meditación. Después de ese día, supe desde lo más profundo que mi vida cambiaría por completo. Sabía que todo había terminado.

Cuando miro hacia atrás y pienso en todos los cuentos de hadas y películas que tienen algún tipo de maldición en la historia, siempre hay un final feliz; un arcoíris al final de la tormenta, pero **llegar a este final feliz no siempre es fácil**. De hecho, casi nunca lo es.

Como se ve en las películas, cuando se levanta esa oscuridad ocurre algún tipo de cambio. Por ejemplo, en *La Sirenita*, después de que recupera la voz, surge una tormenta y se desarrolla una gran batalla en la que tienen que deshacerse de la bruja malvada Úrsula, y luego, el reino y la vida de Ariel se restauran. En *La Bella Durmiente* hay una escena completa de la batalla en la que el dragón malvado debe ser asesinado y todo se quema. En *La Bella y la Bestia*, una vez más después de una gran pelea, la lluvia se lleva la maldición, gotas de lluvia mágicas y coloridas caen del cielo y el reino vuelve a ser colorido.

Un día estaba viendo una serie llamada *The Witcher*. En los primeros episodios se puede ver que hay una doncella físicamente fea y chueca que a nadie le gusta y, en realidad, todo el pueblo le tiene miedo. Está tan descompuesta que, cuando una mujer quiere comprarla, sus padres deciden tomar el dinero y venderla. Nadie tenía idea, excepto esta mujer que era una bruja, de que esta chica fea y torcida era una hechicera poderosa que eventualmente descubriría sus poderes.

Pero esta es la escena exacta que se tatuó en mí después de verla: ella estaba tan harta y cansada de ser intimidada, de ser herida y maltratada que acude a un hombre con poderes. Le pide ser poderosa y hermosa, pero a cambio nunca podrá dar vida; ella accede. El proceso por el que pasa y el dolor físico que soporta finalmente dan sus frutos cuando se convierte en la hechicera más bella y poderosa. Mi pensamiento mientras veía esta escena fue: *esto es lo que debe sentirse... Terminar con la maldición.*

EL DOLOR SOPORTADO DEBE VALER LA PENA AL FINAL.

Yo sabía y estaba segura de que cuando todo esto explotara y se deshiciera para siempre, tendría que ocurrir algún cambio energético, pero sabía que no sería una experiencia bonita. Sobre todo porque yo siempre sentía cualquier cambio, bueno o malo, en mi cuerpo. Era como esperar ansiosamente a que explotara una bomba de tiempo.

A mediados de febrero 2021, alrededor del mediodía, justo cuando decidí ir a trotar, comencé a sentirme rara. Me sentía pesada y al mismo tiempo débil. Me faltaba el aire. Comencé a sentir hipertermia —*fiebre interna*— y de la nada, comencé a estornudar cinco veces seguidas, lo cual es anormal en mí. Después de unos minutos, decidí hacer mis ejercicios de fisioterapia para los brazos, los cuales no requieren de mucha energía. Estornudé de nuevo cinco veces seguidas y apenas los terminé, ya que me sentía débil y mareada, así que decidí estirarme y meditar para centrarme y calmarme. Después de veinte minutos, abrí los ojos y mientras me levantaba lentamente de mi colchoneta, sentí una fuerza avasallante que me agarraba de la cara y me empujaba al suelo. Vi manchas oscuras y sentí que me estaba desmayando, así que esperé en el suelo un poco más.

¡¿Qué diablos fue eso?!

Decidí darme un baño y dejar correr el agua sobre mí, pero de repente, sentimientos que no había sentido en mucho tiempo comenzaron a llenarme:

Diosito, ya estoy cansada. Por favor, elimina cada gota de dolor físico y emocional de mi cuerpo, libéralo todo y déjame vivir. ¿Por qué está pasando esto? ¿Qué me está sucediendo?

Deseo con el alma tener a alguien que me entienda, alguien que me sostenga; que me abrace…

¿Por qué me lastimó tanto? ¿Por qué hizo esto? ¿Por qué me odia tanto? Y pensar que incluso la perdoné y dejé ir todo... Por favor, Dios mío, deja que esto termine aquí. Por favor quítame todo el dolor, por favor déjame sanar por completo, de una vez por todas. Sé que mi fecha límite es mi cumpleaños, está tan cerca; sin embargo, lo veo tan lejos. Cada mes para mí parece toda una vida. Voy día a día, pero hoy siento que me estoy desmoronando. ¿Por qué? Deja que esto termine...

Gracias por dejarme ganar esta batalla, gracias por permitirme sanar y regenerarme, gracias por este cuerpo verdaderamente fuerte y resistente; y gracias por la guerrera que hay en mí...

De repente todos estos pensamientos me abrumaron. Sentí un fuerte estallido de llanto y las lágrimas comenzaron a brotar. No había llorado así en mucho tiempo; mi respiración era corta, pesada y simplemente no podía respirar correctamente. Sentí como si me limpiaran para siempre, dejando afuera cada indicio de dolor y oscuridad.

Cuando salí de la ducha comencé a estornudar, otra vez. Me reincorporé para almorzar con mi familia, pero ni siquiera tenía hambre; sentía como si me hubieran vaciado enérgicamente; de repente estaba exhausta, agotada. En cuanto pude me fui a la cama, pero las lágrimas no dejaban de salir. Estaba tan mal que apenas podía hablar. Algo que también me molestaba era que nadie de mi familia le prestaba atención. Siempre que tenía algún tipo de crisis o colapso, no se molestaban en preguntar, sentían que estaba exagerando y no podían entender realmente lo que sucedía.

Como mencioné, no conozco a nadie que haya vivido algo por el estilo excepto mi sanadora, por lo que nadie entendía cómo me sentía. Todo lo que puedo decir es que no le deseo tal dolor a nadie. Sólo deseaba tener a alguien que pudiera abrazarme y sostenerme en ese momento, pero no lo tuve.

Aparte de todo lo demás que sentía, mi cabeza empezó a latir con fuerza y el dolor de cabeza no desaparecía. De 2:30 de la tarde a 7:30 de la noche, sin importar lo que tomara y lo que hiciera *—analgésicos, homeopatía, aceites herbales, respiración, toallas frías…—* nada funcionaba. Al contrario, el dolor aumentó tanto que sentí una sensación de ardor desde mi cuello hasta la coronilla. El dolor era tan fuerte que comencé a sentir náuseas. No podía soportar ni una pizca de sonido ni de luz. Estuve en constante comunicación con mi sanadora, tratando de comprender lo que estaba sucediendo. Fue horrible.

Nunca había sentido este tipo de dolor antes, y soy de las que soportan bastante, pero este dolor era diferente. Hasta las 8:00 de la noche mi sanadora hizo un trabajo de sanación energético, mi cuerpo comenzó a realinearse y a centrarse hasta que me dormí.

Al día siguiente me desperté algo cansada, pero bien, mis ojos me ardían y estaban sensibles a la luz, pero mi mente estaba más clara. Sentía como si me hubieran quitado un gran peso de encima, y luego, surgió la explicación: Lora trató de lastimarme, pero como ahora soy más fuerte, estoy tan bien protegida y he estado sanando tanto, hubo un choque energético; en lugar de lastimarme, terminé sanando lo poco que quedaba en mí; exploté la bomba antes de lo previsto.

Mi sanadora me lo explicó con esta analogía:

—Imagina que hay una luz muy brillante y pura sin indicio alguno de maldad y hay una oscuridad que quiere apagarla. Pero esta luz es tan pura y poderosa que se protege a sí misma y termina brillando más que nunca no sólo alejando la oscuridad, sino haciéndola más brillante, más fuerte y más pura. A nivel terrenal, es como si te dispararan, te apuñalaran y te destruyeran, pero finalmente te regeneraste en menos de una hora. Es increíble, lo hiciste, ganaste.

Suspiré. Sabía que no iba a ser bonito.

RÍNDETE A LO QUE ES.
DEJA IR LO QUE FUE.
TEN FE EN LO QUE SERÁ.
—SONIA RICOTTI

Cuando comenzó mayo, sentí que la energía había cambiado. No puedo explicarlo del todo, pero me sentía con mucha más energía. Más ligera; simplemente me sentía mejor. Cada aspecto de mi vida ahora era encarrilado hacia los caminos que debían seguir, excepto uno: mi lesión grave del 2016 con sus dolores recurrentes.

¿Recuerdas que mencioné una estaca que me habían colocado en el hombro, de la que el sacerdote me habló cuando visitó mi casa? Luego me dijeron que de hecho era una estaca enorme, una estaca energética que me arrojaron y colocaron exactamente en el punto donde mi clavícula derecha se encuentra con el hombro, atravesando y perforando mi omóplato derecho. Lora esperaba que perdiera mi brazo. Ella esperaba que yo dejara de hacer todo lo que amaba hacer y todo en lo que era buena como bailar, pintar y crear.

Esta lesión energética fue tan destructiva que he tardado más de cinco años en deshacerme de ella. Las contracturas musculares son tan dolorosas que a menudo me causan dolores de cabeza punzantes o entumecimiento y una sensación de hormigueo que recorre mi brazo hasta los dedos. También el dolor me causa vértigo y una sensación de nudo duro donde la tensión causa restricciones de movimiento, ya sea en mi cuello, mandíbula, codo o mi lengua...

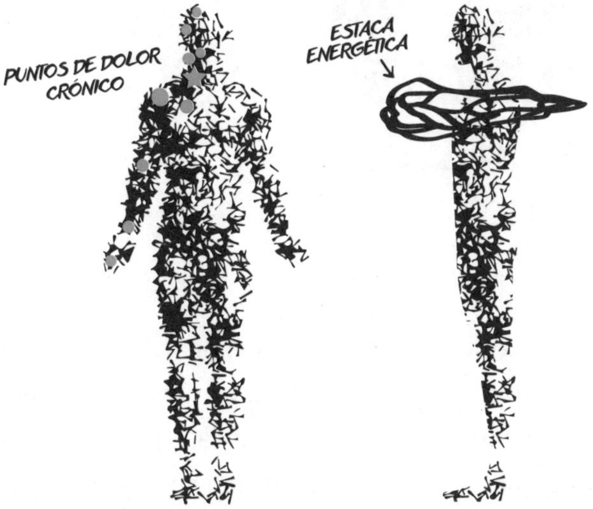

A medida que el dolor aumentaba, justo donde estaba mi herida energética, de repente comenzó a disiparse. Esto ocurrió después de una de mis últimas sesiones de sanación, en septiembre 2021; una de las más intensas y asombrosas que jamás haya experimentado.

Cuando V me pidió que me sentara en la silla *—donde generalmente me hacía meditar mientras daba energía a mis áreas lesionadas—* entré lentamente en modo de meditación. Estaba relajada, respirando despacio, sintiendo indicios de energía, cuando de repente comenzó a transmitir un mensaje:

—Hija mía, escúchame, escucha atentamente y nunca lo olvides. Hoy haremos las cosas de otra manera. Ven a tomar un paseo conmigo y charlemos.

¿Qué está pasando?

—Antes de que nacieras, te mostré todo sobre lo que sería tu vida, cuáles serían tus desafíos, cuál sería tu misión. Te pregunté si aceptabas y si harías todo para defender lo necesario, tú accediste. Siempre supiste cómo se desarrollarían estas batallas y yo siempre estuve a tu lado. Estoy orgulloso de ti, mi princesa guerrera. Fuiste la elegida, fuiste el escudo de protección para tu familia, fuiste el alma que inspiraría a construir un mundo de fe y convicción dentro de la humanidad. Veinticuatro años duró tu guerra, veinticuatro años de intenso dolor y sufrimiento que han terminado por completo. Deja que los elementos te limpien... —explicó.

Entonces veinticuatro es el número final, pensé...

Mientras mantenía los ojos cerrados, respiraba lentamente, escuchaba con total asombro y de la nada empezó a llover mientras el mensaje seguía.

—Deja que el agua corra a través de ti y te quite todo el dolor de cualquier lesión pasada, deja que se lleve todo lo que no necesitas, todo lo que ya no te sirve.

Podía sentir las vibraciones energéticas corriendo por todo mi cuerpo. Mi cuerpo se estremeció y mis lágrimas comenzaron a caer mientras escuchaba atentamente cada palabra. No podía creer que esta retorcida pesadilla estuviera realmente llegando a su fin. *Para siempre.*

—Mi niña, mi princesa guerrera, nunca estuviste sola. Desde el día en que llegaste a la Tierra, estuviste rodeada y protegida por mis más grandes guerreros, ángeles, arcángeles y querubines. Siempre estoy contigo, siempre estamos contigo. Cuando necesites hablar con nosotros, simplemente cierra los ojos y llámanos. Escucha atentamente, hija mía, yo *siempre* estoy contigo. Nunca lo olvides. Ha llegado el momento de que vivas tu vida y experimentes tu completa libertad en paz y felicidad. Ha llegado el momento de que vueles con esas enormes alas. Vuela, tu reino te espera.

¿¡Qué acaba de pasar!? ¿¡Una sesión privada con Dios!?

Cuando abrí los ojos y me estiré, la lluvia dejó de caer. Podía sentir mi cuerpo lleno de sudor. Entonces V simplemente dijo:

—Querías respuestas, pediste una explicación. Ahora sabes quién eres; ahora conoces tu verdadera historia.

Estaba en completo y absoluto shock. Este "paseo por el parque" con Dios duró alrededor de veinte minutos *—simplifiqué el mensaje para ti—*, no podía creer lo que acababa de suceder. Sentí que esta era mi ceremonia de graduación; el evento final donde el libro de mi pasado finalmente se cerró.

Comencé a escribir este libro en octubre de 2020. Para marzo de 2021 lo terminé y agregué algunas cosas durante los siguientes meses pensando que todo había llegado a su fin; sin embargo, justo cuando pensaba que todo había terminado, no fue así. Ya no puedo contar las veces que toqué fondo y caí durante mi proceso de sanación. Te dije que sanar era como aprender a volar y luego caer en picada durante el proceso: *muchas veces.*

Si alguien me hubiera dicho que este proceso se extendería hasta el año 2022, nunca lo hubiera creído. Imagínate, aprendí la horrible verdad a finales de 2016 y encontré a la sanadora adecuada al año siguiente... Son cinco años de recuperación aprendiendo a defenderme de nuevo, a ver mis miedos cara a cara, a sacudirme y a levantarme cada vez que me caía *incontables veces*. Cinco años aprendiendo a amarme completamente, e incuestionablemente. Cinco años aprendiendo a dejar atrás el pasado, tomar sólo lo que sirve *—lecciones aprendidas—*, aprendiendo a perdonar y, lo más importante, aceptar todo: quién me lastimó, qué me hicieron, mis pensamientos oscuros, mi pasado doloroso, quién era, y quién soy ahora... Cinco años de aprender a creer en un mundo más allá del nuestro.

¿Fue fácil?, ¡para nada!, pero no había otra forma de sanar más que ir literalmente célula por célula, problema por problema, momento a momento... todo mientras aprendía y crecía.

Para marzo de 2022, la mayor parte del dolor había disminuido, pero todavía tenía algo de dolor en las áreas lesionadas *—especialmente en el lugar donde se había colocado esa estaca energética—* que se extendía horriblemente hacia mi mandíbula. Sentía como si me hubieran colocado una pelota de ping-pong en mi trigémino derecho *—el músculo que usas para masticar—* estaba tan tenso que no podía pronunciar bien ya que no podía abrir la boca correctamente, lo que después me ocasionaba intensos dolores de cabeza *—una vez más.*

Una noche, justo antes de acostarme, comencé a llorar de exasperación por el intenso dolor, pero sobre todo por los intensos niveles de paciencia que había tenido que reunir a lo largo de los años.

¿Cuánto es demasiado? ¿¡Cuánto es suficiente!?

Recé y pedí de todo corazón esa noche por una respuesta, por una cura. Seis años de sesiones de fisioterapia, quiroprácticos, medicamentos, masajes... y no llegar a un cierre parecía simplemente irracional.

A la mañana siguiente me desperté con un mensaje de audio de mi sanadora que decía: "Marcela, necesito visitarte en tu casa. Me han indicado que debo darte un masaje específico para que te deshagas de la lesión energética de una vez por todas. Es tiempo, ha sido suficiente. Debes estar en perfectas condiciones a partir de ahora."

¿¡Cómo supo!? Creo que Dios me escuchó anoche...

Estaba súper emocionada y ansiosa. Cuando le conté sobre mis oraciones de la noche anterior, ella simplemente respondió: "Nada es una coincidencia, siempre hay una razón para todo y un momento perfecto para todo."

Después de ese masaje de sanación que duró alrededor de una hora y media, en el que apenas presionó mi piel, mis dolores desaparecieron. No podía creerlo. Todavía me cuesta creerlo. Me sentí ligera como una pluma, como si me hubieran quitado un peso del lado derecho *—el lado lesionado.*

—¿Por qué no lo hiciste antes? ¿Por qué hasta hoy? —le pregunté impaciente. Parecía una pregunta justa, después de todo, la conocía desde hacía varios años.

—Lo que te hicieron fue extremadamente dañino. Tuvimos que sanarte muy lentamente y con delicadeza durante todos estos años. Si te hubiera hecho este masaje antes de que estuvieras bien preparada *—energéticamente—* te hubieras quedado inconsciente por muchas horas y hubiera sido tan abrasivo que tal vez tu cuerpo físico también hubiera sido dañado *—tal cual como un exorcismo—*, hoy estás completamente preparada y todo se hizo en completa armonía y paz —respondió V.

Semanas después del último masaje/exorcismo visité a V. Me dio un incienso, lo encendió y de repente comenzó a leerlo, transmitiéndome mensajes.

—Mira el humo, observa cómo se mueve. Todo significa algo.

—No puedo leerlo, pero puedo ver cómo se queda flotando —respondí.

Me había quemado en mi mano izquierda unas semanas atrás —*justo después del primer exorcismo*— y mientras movía la energía en círculos sobre la quemadura, comencé a ver algo; se estaba mostrando y marcando algún tipo de huella. Me explicó que esta era la marca de la bruja. Cada vez que alguien le hace un trabajo a alguien —*una maldición*— deja una marca que muestra cómo y dónde empezó todo. Tal cual.

Al poner el incienso sobre mi mano izquierda —*sobre la quemadura*— me impacté al ver el humo que tomaba diferentes formas y direcciones, y luego flotaba durante varios segundos. Parecía como si fuera un humo espeso y maleable.

—Puedo contar a cuántas personas tuvo que acudir Lora para ponerte las manos encima y hacerte esta maldición. Fueron más de veinte —dijo V.

—¡No manches! ¡¿Tantos?! —pregunté con asombro.

Pensar que gastó tanto tiempo, dinero y energía tratando de derribarme —*por no decir matarme*—, es simplemente incomprensible. Al mismo tiempo, esto es un recordatorio de cuán poderoso es el Universo; cómo nunca me dejaron sola y sin apoyo —*a pesar de que eso pensaba.*

—Marcela, recuerdo la primera vez que viniste aquí. No tienes que decir nada, pero sé que deseabas morir, sé que querías suicidarte; encontrar una salida al dolor y a esta vida. Lo sé porque cuando entraste, no estabas sola. No venías acompañada por tu ángel guardián como la mayoría de las personas. El ángel de la muerte vino contigo ese día.

¿¡Queeeeé!?

—Lo escuché decir que querías irte, que deseabas que te llevara, pero que no podía y que era hora de que te dieras cuenta de que hay vida más allá de tu voluntad. Me dijo que tú necesitabas vivir. Allí fue cuando comenzó tu viaje, cuando tocaste el fondo más profundo y te rendiste, fue cuando el Universo te levantó y te mostró el camino —explicó V—. Marcela, tu abuela está aquí. Está diciendo que debes tener fe y confianza, no encontrarás las respuestas afuera, siempre están dentro de ti. Dice: *Mi niña, siempre estoy contigo, siempre he estado. Estoy en tus sueños, en cada lágrima, en cada sonrisa, en cada deseo... Nunca estás sola. Esta es mi señal directa para ti, estoy aquí. Confía, sigue el proceso y verás la increíble recompensa que el universo ya tiene preparada para ti* —V continuó—. Marcela, se está dejando ver sólo un poco.

No podía ver nada excepto el humo espeso y persistente que formaba ondas, pero definitivamente podía sentirla. V describió su rostro, su esencia... ¡Era ella!

Le había estado rezando mucho a mi abuela. Estaba cansada, sintiendo gran impotencia porque mi vida parecía moverse muy lentamente y nada se materializaba. Cualquier pequeño "logro" que tenía, venía con un precio a pagar; cualquier nueva puerta que se abría para mí, se cerraba en mi cara en cuanto corría emocionada hacia ella. Nunca había meditado tanto como en estos momentos *—incluso hice una meditación de una hora y media que estoy sorprendida de haber logrado—*, le había estado pidiendo a mi Pupy una señal para demostrarme que estaba conmigo, apoyándome y guiándome. Necesitaba respuestas, necesitaba claridad.

Recibí varios mensajes de ella durante los siguientes veinte minutos. ¡Fue simplemente excepcional! V no sabía nada de mis pláticas "con Pupy".

—¡No puedo creer que mi Pupy está manifestándose, V! He estado hablando mucho con ella y le pedí que me enviara una señal. Le pedí que me mostrara un símbolo específico, pero supongo que decidió mejor visitarme.

Estaba inmensamente agradecida por este momento, todavía lo estoy.

Los tiempos difíciles eventualmente serán sólo momentos, momentos que se desvanecerán y pasarán *—¡lo cual es una buena noticia!—* y estos indicios de luz que aparecen como señales del Universo son proveedores de esperanza; la esperanza es la gasolina que mantiene tu máquina funcionando en momentos de desesperación. Nunca hablo de mis tiempos oscuros y mucho menos de mis pensamientos del pasado con nadie, así que por supuesto que esto me sacudió, pero entendí lo que había querido decir el ángel de la muerte. **Nunca podrás ver las cosas increíbles que te esperan si te rindes.** No es un viaje fácil ni divertido, pero casi siempre las experiencias más duras te llevan a las mayores recompensas.

> UNA VEZ QUE ELIGES LA *ESPERANZA*,
> TODO ES POSIBLE.
> —CHRISTOPHER REEVE

TU LEGADO

La gran recompensa

Hacer espacio para un rayo de esperanza lo cambió todo. Cuando me entregué a la fe y me dejé llevar, fue exactamente cuando comenzó mi vida. ¡Y qué viaje fue volver a escalar esa montaña!

¿Hubiera preferido un camino más fácil? Sí.

¿Hubiera preferido una batalla más corta? Por supuesto.

Pero no me arrepiento de nada porque me convirtió en la mujer que soy hoy. Una mujer que siempre quise ser, pero nunca lo esperé porque no sabía cuál era el camino.

AHORA LO SÉ.

No soy doctora, no soy psicóloga, no soy una experta —*¿o lo soy? Después de todo la experiencia se construye a través de la vida y del trayecto de* *cada uno—*, pero soy una mujer cuyo viaje la llevó al tesoro más grande: la iluminación, una vida llena de amor, significado y paz interior; una paz que una vez fue bloqueada y alejada de mí durante mucho tiempo.

Recordar mi pasado es extremadamente doloroso. Me tomó gran parte de mi vida sanar, liberar y hablar de él sin que rompiera en llanto. Me tomó mucho tiempo volver a vivir, ser yo, abrirme y sonreír de nuevo con felicidad. Nada de esta experiencia fue fácil en absoluto, pero **cuanto más navegaba por las aguas turbulentas, más fuerte me volvía y más se ampliaba mi perspectiva de la vida,** lo que me hizo enfocarme en las cosas que realmente importan y me dio una comprensión más profunda de todo. No me arrepiento de ni siquiera un segundo de tormento y dolor, porque esos momentos, cada pelea en esta gran batalla, me enseñaron cosas que probablemente no hubiera aprendido de otra manera.

Hoy sé mucho más de lo que sabía antes, y por eso, estoy inmensamente agradecida. Estoy orgullosa de mí y de la guerrera que soy; una guerrera que nunca se rindió por completo y ahora puede ver todo desde la cima de la montaña.

Esta enorme experiencia dejó varias cicatrices dolorosas y terribles; que ahora llevo orgullosamente conmigo.

TODOS TENEMOS O TENDREMOS CICATRICES PERMANENTES, YA SEAN FÍSICAS Y/O EMOCIONALES, Y SÓLO DEPENDE DE UNO APRENDER A USARLAS.

Estas cicatrices son grandes recordatorios sobre el viaje de tu vida y lo que has pasado; sólo tú conoces las batallas que has librado. **No caigas en el hoyo de convertirte en una víctima de tu pasado**, mejor deja que estas marcas te recuerden lo valiente, fuerte y poderoso que eres. Deja que te recuerden la voluntad innegable y la extraordinaria capacidad de afrontamiento que tienes para superar cualquier contratiempo, problema u obstáculo que la vida pueda presentar en tu camino.

¿Te imaginas lo que puedes lograr con sólo mentalizarte y fusionar todo tu corazón y tu fe? **Tienes que querer hacerlo para llegar ahí** porque mereces alcanzar tus metas; mereces vivir la vida de tus sueños; esa vida que estás visualizando. Mereces ser feliz. **Hazlo por ti.**

Es muy irónico, pero esas cicatrices, esas peleas y esos momentos oscuros me dieron la fuerza que necesitaba para seguir escalando de nuevo esa montaña hasta que pudiera encontrar mi vida, mi felicidad y mi color una vez más.

Durante mis momentos más oscuros busqué inspiración a través de varios medios. Las canciones y la música fueron un gran apoyo para mí cuando pasaba las noches y los días sola e incomprendida.

Quiero compartir contigo algunas canciones que significan mucho para mí, con letras que me resonaron demasiado. Te recomiendo que las escuches atentamente, ¡será una experiencia increíble!

Mientras sentía el dolor...

"A Little Too Much" — Shawn Mendes

Ella no mostraba que tenía miedo
pero estar y sentirse sola era demasiado para afrontar
aunque todos decían que ella era tan fuerte
lo que no sabían es que ella apenas podía seguir.

"Cry Pretty" — Carrie Underwood
Lo siento, pero sólo soy una chica
que no suele ser del tipo que muestra su corazón al mundo
soy bastante buena para mantenerme en calma
mantengo la compostura, para bien o para mal...
y desmoronarse es tan humano como se pone.

"Head Above Water" — Avril Lavigne
Sí, mi vida es por lo que estoy luchando...
te necesito ahora, te necesito más
Dios, mantén mi cabeza fuera del agua
Pierdo el aliento en el fondo
Ven a rescatarme, te estaré esperando
soy demasiado joven para quedarme dormida
No dejes que me ahogue.

"Sunshine Song" — Jason Mraz
De alguna manera el sol sigue brillando sobre ti,
mientras lucho por conseguir el mío.
Si hay una luz en todos
envíenme su rayo de sol.

DURANTE EL ASCENSO Y LA SANACIÓN...

"God Only Knows" — For King & Country
Todos los días intentas recoger todos los pedazos,
todos los recuerdos que nunca te dejan...
Nadie, nadie, nadie te ve, nadie, nadie te creería...
Sólo Dios sabe por lo que has pasado
Sólo Dios sabe lo que dicen de ti
Sólo Dios sabe cómo te está matando
Sólo Dios conoce tu verdadero yo.

"Stand" — Rascal Flatts
Te sientes como una vela en un huracán
como una imagen con un marco roto
solo e indefenso, como si hubieras perdido tu pelea...
puedes doblarte hasta romperte.

"Wanted" — One Republic
Ella dijo, estoy contando mi karma
y creo que es hora de cobrarlo,
tan cansada de vivir en la sombra
de una montaña de lo que pudo haber sido.

"We Are The Champions" — Queen
He pagado mis deudas
una y otra vez
pagué mi sentencia
pero no cometí ningún delito.

DURANTE MIS ALTIBAJOS...

"Human" — Christina Perri
Puedo fingir una sonrisa
puedo forzar una risa
darte todo lo que soy...
pero sólo soy humano
y sangro cuando me caigo
y me estrello y me derrumbo...
puedo soportar tanto
hasta que haya tenido suficiente.

"This Is Me Trying" — Taylor Swift
Me dijeron que todas mis cárceles eran mentales,
así que me desperdicié con todo mi potencial…
sólo quería que supieras que ésta soy yo intentándolo
ésta soy yo intentándolo, al menos lo estoy intentando.

"You Say" — Lauren Daigle
Recuérdame una vez más quién soy, porque necesito saber…
Dices que soy amada cuando no puedo sentir nada
dices que soy fuerte cuando creo que soy débil
y dices que me sostienes cuando me estoy cayendo
cuando no pertenezco, dices que soy tuya
y entonces, creo en Ti…

"Yes I Will" — Vertical Worship
Cuento con una cosa
el mismo Dios que nunca falla
no me fallará ahora
no me fallarás ahora
en la espera,
el mismo Dios que nunca llega tarde
está resolviendo todas las cosas.

DESPUÉS DE LA TORMENTA…

"Amazing Grace" — Pentatonix's Version
Mis cadenas se han ido
he sido liberado
mi Dios, mi salvador, me ha redimido
y como un diluvio reina su misericordia
amor sin fin, gracia asombrosa.

"Doubt" — Mary J. Blige
Llegué hasta el final
casi pagué el costo
perdí muchos amigos
sacrifiqué demasiado.

"I Was Born" — Hanson
Voy a sorprender al mundo cuando menos lo esperen,
todo el mundo está apostando por el pez gordo
pero no subestimes el aguijón de la mariposa...
hay un camino frente a mí,
nadie puede ver que lo estoy pavimentando mientras avanzo
lo llevaré a donde sea que me lleve
porque quiero estar en un lugar donde nadie ha estado antes.

"Wild Horses" — Birdy
Nuestros corazones humanos olvidan
lo fuertes que son y se pierden en el camino,
no me estoy rindiendo, estoy dejando ir
y mudándome a un lugar mejor.

Hasta que me apoyé en la música me di cuenta de que no estaba sola y descubrí cuántos de nosotros pasamos por cosas difíciles que nos rompen y nos hunden profundamente. Cuando me sumergí en letras de canciones como éstas, encontré consuelo y apoyo extremo. Siempre me ha gustado la música y por lo general comienzo el día escuchando mis listas de reproducción, pero durante esos días, encontré la música muy útil, edificante y tranquilizadora.

VIVIR EN EL INFIERNO DURANTE AÑOS Y TOCAR FONDO TAN DURO COMO LO HICE ERA EXACTAMENTE LO QUE NECESITABA PARA LEVANTARME DE NUEVO; LEVANTARME MÁS FUERTE DE LO QUE JAMÁS IMAGINÉ.

La recta final

Una vez me dijeron, "puedes cristalizar tus sueños más grandes y crear la vida que deseas si realmente lo visualizas y lo crees". Pensé que era la cosa más loca que había escuchado en mi vida porque nada de mi vida había sido mágico ni bonito en absoluto y si fuera tan fácil, cualquiera lo haría. ¡Y eso es exactamente! **Nada en esta vida es fácil.**

SIEMPRE PARECE IMPOSIBLE

HASTA QUE SE HACE.

—NELSON MANDELA

Muchos te dirán qué hacer, intentarán guiarte y darte consejos, pero si tú no quieres tomar acción, nadie te obligará. **El cambio siempre comienza desde adentro de uno mismo; desde nuestro ser y nuestra propia voluntad.**

A medida que empieces a hacer cambios desde adentro hacia tu campo energético, todo a tu alrededor va a cambiar y luego notarás pequeñas bendiciones y toques de color que eventualmente te guiarán a ese sueño. Lo más importante es que tengas seguridad en ti, que pongas tu confianza en el Universo y lo dejes fluir *—a mí me costó mucho lidiar con esto.*

No basta con sólo visualizar, sino que debes agregar el trabajo duro y hacer todo lo que esté en tus manos para llegar ahí. En mi caso, fue encontrar las herramientas correctas, unificarlas y agregarlas a mi rutina; tuve que hacer grandes cambios en mi día a día, viajar largas distancias para llegar a las personas indicadas, y aprender a hablar y no quedarme callada.

—Pero, March, ¿cómo le haces cuando la vida te sigue dando golpes?, ¿cómo le haces para seguir adelante cuando la vida misma no te deja avanzar? —me preguntó mi tía.

—Simplemente lo haces. Lloras, gritas, tiras la toalla, pero después, sigues caminando. Tienes que confiar en los tiempos divinos, tienes que confiar en el plan de Dios por más extenuante que sea y nunca perder la esperanza, porque no hay de otra —le dije.

NO INTENTES FORZAR LAS COSAS,
DEJA QUE SUCEDA LA MAGIA.

Hasta cierto punto podemos controlar las cosas. **Haz todo lo que esté en tus manos,** porque lo demás, sólo lo controlan desde arriba; el Universo se encarga de todo. Así como Jen Sincero escribe en su libro *Eres un chingón:* "Cuando queremos algo y estamos trabajando incansablemente para conseguirlo, si no nos rendimos *—al Universo—* terminamos rechazándolo".

Si pasas tus días mirando hacia atrás, clavándote en el pasado, es probable que vivas en constante arrepentimiento, resentimiento y dolor. Asimismo, si sólo vives tus días soñando y pensando en el futuro, estarás lleno de angustia, ansiedad y miedo de no saber qué pasará a continuación y si lo que quieres que pase sucederá.

Hay una línea muy fina entre soñar despierto y visualizar, y debemos ser realmente conscientes de ello. Establece un tiempo y un espacio para visualizar y anotar tus metas y sueños, y cuando hayas terminado, cambia tu enfoque al presente. Vive, disfruta, déjalo fluir; si no ha sucedido, no desperdicies tu energía ni te preocupes sin motivo.

"¿Por qué situación pudo haber pasado? Lo tiene todo" o "nunca la vi con dolor o infeliz" o "¿De qué está hablando? Vivía con su increíble familia en un ambiente muy cómodo, muchos viajes...", escucho constantemente.

Sí, esas fueron exactamente las *—y únicas—* cosas que tuve: mi familia, mi hogar y, afortunadamente, la seguridad financiera que me dieron mis papás. Al mismo tiempo, hubo un momento en el que yo estaba tan perdida y tan vacía por dentro, que cualquier cosa material de repente perdió su valor. Como mencioné, sin salud y sin calidad de vida, no tienes nada y no puedes disfrutar o hacer uso de esas cosas materiales que tanto amas.

Durante años he escuchado a personas quejarse de que nunca podrán alcanzar un cierto nivel de seguridad financiera y tener éxito porque no nacieron en el entorno adecuado, la familia adecuada o el lugar adecuado. Que nunca serán felices porque tuvieron un pasado turbulento, pero éste es el mayor engaño de todos los tiempos.

Nacer en una vida cómoda y privilegiada no significa que la vida sea rosa y perfecta. Hay muchas historias en las que la gente parecía tenerlo todo y, sin embargo, no había amor ni armonía en casa. Igualmente, haber nacido en una familia bien establecida no significa que tu resultado y tu futuro estén completamente establecidos y seguros para siempre. Tampoco significa que serás rico y exitoso toda la vida.

El hecho de que tu bisabuelo o abuelo hayan ganado dinero y hayan creado un legado, no es suficiente para que tengas un futuro brillante y financieramente seguro. Es bien conocido que a través de generaciones, cuando los miembros de la familia no están enfocados en el camino correcto, cuando no ponen el esfuerzo, la ética de trabajo y el corazón en la empresa/negocio, cuando son soberbios y presuntuosos, cuando centran su vida en el dinero y el poder, es exactamente ahí cuando todo se va por la borda. Créeme, hay innumerables historias sobre este tema en específico. Conozco de primera mano *—de parte de* *familiares y personas cercanas*— historias como éstas en las que lo tenían todo y luego el ego, el poder y el dinero se les subieron a la cabeza y finalmente quedaron en la ruina.

Al mismo tiempo, hay historias que van al revés. Personas que no tenían nada, que seguían esforzándose, trabajando sin descanso, incluso varios turnos para tener un ingreso digno y luego se volvieron millonarios.

Hace unas semanas, mientras platicaba con una amiga, me di cuenta de algo grande: si Lora hubiera usado su persistencia, su pasión y su perseverancia implacable para el bien; si lo hubiera hecho todo desde un lugar de amor, probablemente habría conquistado su mayor sueño de una mejor manera. Habría sido alguien de éxito, pero eligió el lado oscuro.

Ser exitoso no sólo es tener seguridad financiera; va más allá de eso. El éxito es también vivir una vida con significado en la que el amor lidera el camino. Porque cuando trabajas duro y pasas del poder a la bondad, y del ego al amor, la vida misma te dará más. No estoy diciendo que el dinero y las cosas materiales sean malas, yo amo el dinero y la libertad que puedes tener con él, trabajo para ello, pero todo lo que viví me enseñó su valor real. A disfrutarlo conscientemente y, lo más importante, compartirlo con la humanidad.

Algunas personas en las que puedo pensar que son ejemplos perfectos de esta noción son: Oprah, Sir Richard Branson, Suze Orman, Taylor Swift, Walt Disney, Michelle y Barack Obama, Deepak Chopra, Tony Robbins, Dolly Parton, Celine Dion —*ejemplos fáciles de ver como inspiración*— y, finalmente, entre los muchos ejemplos que hay, está mi papá cuya ética del trabajo es impresionante —*y cuya historia merece un libro completo.*

No menciono a estas celebridades por su increíble seguridad financiera, sino porque son personas que han trabajado incesantemente y se han esforzado por alcanzar grandes niveles de éxito; además, **han encontrado un significado profundo en la vida.** Si les prestas mucha atención a ellos o a su historia, verás que una de las cosas que tienen en común es que todos llevan un sentido de humanidad, humildad y paz interior. No he tenido el placer de conocerlos, pero puedo verlo claramente desde afuera; es una vibra que todos tienen, *o tuvieron.*

No es una coincidencia que la mayoría de las historias de éxito involucran a seres humanos que tocan fondo y pierden casi todo; si no es que lo pierden todo. Cuando tocas fondo de manera tan dura, alcanzas un lugar de completa humildad y tus prioridades cambian. Comienzas a apreciar incluso las cosas más pequeñas y te das cuenta de que cada una de ellas es una pequeña bendición.

NADA A PARTIR DE ESE MOMENTO SE DA POR SENTADO.

Tomar riesgos se convierte en parte de la vida cuando te das cuenta de que ya no hay nada que perder; ahí te llenas de valentía hasta que alcanzas el éxito o superas un obstáculo. Después de vivir en la oscuridad, en el dolor y la incomodidad, **exactamente donde me encontré: allí, en las cenizas.** Fui quemada en todos los niveles por una mujer que pasó gran parte de su edad adulta tratando de derribarme e intentando hacerme desaparecer.

Es interesante que **cuanto mayor es el dolor, mayor es la recompensa.** Tienes que luchar, ser paciente y luego llegará. No podría estar más orgullosa de todo lo que he logrado de manera física, mental y emocionalmente pero, más que nada, espiritual.

Después de esta horrible experiencia que ahora veo como una pesadilla retorcida —*afortunadamente*—, aprendí a aceptar mi pasado y a dejar de lado el daño hecho y el dolor. Acepté los desafíos y aprendí todas las lecciones; lecciones que me dejaron inmensas virtudes y valores morales que a diario llevo conmigo. Me gusta verlos como momentos "honorables".

Son valores que como seres humanos deben ser nuestra máxima prioridad. Después de todo, de esto se trata la vida. Estamos aquí para convertirnos en mejores seres humanos y alcanzar nuevas etapas en nuestra vida, no sólo material y superficialmente, sino espiritual y energéticamente.

Míralo como una línea que se mueve a través de una gráfica, no sólo horizontalmente, marcando todas las casillas que la sociedad espera que logres —*una posición increíble en tu trabajo, matrimonio, hijos, riqueza, una casa grande, zapatos de diseñador...*—; mira, todo eso está bien, la riqueza material no tiene nada de malo. ¡A mí también me encanta!

Pero **piensa más profundo, más grande, más amplio y mejor.** Esa misma línea no sólo va horizontalmente, sino que al mismo tiempo se mueve hacia arriba y en un movimiento elíptico a través de la gráfica mientras obtienes increíbles valores espirituales y energéticos —*comprensión, humildad, equilibrio en tu cuerpo, mente y alma; gran salud, atención plena, paz, empatía, compasión, amor...* Y así sucesivamente, creando un movimiento de vibración energética como un torbellino de una fuerza armoniosa sobresaliente.

¿Te imaginas cómo sería esta vida?

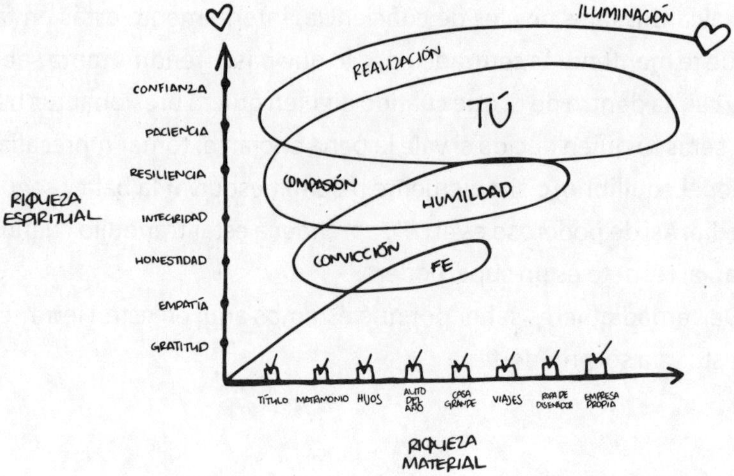

Todos vamos a dejar un legado cuando dejemos esta Tierra. ¡Noticia! Todos eventualmente nos iremos; prácticamente, eso es lo único seguro que tenemos y, ¿no sería genial dejar un legado que realmente tenga un impacto?

NO SE TRATA DE DINERO NI DE TIERRA, ESTE LEGADO EMPIEZA EN EL CORAZÓN. COMIENZA Y TERMINA CON AMOR.

Mira, la vida no es perfecta. ¿Y quién quiere la perfección?, sería muy aburrido, ya que la vida se trata de superar los altibajos, de aprender a alcanzar nuevos niveles que te permitan estar presente y disfrutar plenamente de cada momento.

Cuando te vuelves consciente de tus pensamientos, sentimientos y acciones, y los unes para convertirlos en uno, elevas y potencializas tu *ch'i* y encuentras un mayor equilibrio. Esto marcará toda la diferencia.

Al alcanzar tales niveles de conciencia, internamente estás en tal paz, que te mantendrás centrado pase lo que pase. Tendrás tanta sabiduría y calma dentro de ti, que cuando alguien quiera presionar tus botones, serás tú quien decida si vale la pena enojarse, tomar represalias y perder el equilibrio, o simplemente respirar, esquivar la bala y seguir con tu día. Así de poderoso es el *ch'i;* aprender a estar tranquilo cuando te faltan al respeto es un superpoder.

¿De verdad quieres saber por qué estamos aquí en esta Tierra? La respuesta va a sorprenderte.

PARA DISFRUTAR Y DIVERTIRTE.

Esta respuesta me la dieron mis mentores y sanadores, lo he leído y también lo aprendí de la manera más dura. En el momento en que te olvidas de disfrutar y divertirte, el ego y el miedo se apoderan de ti y los sentimientos pesados toman control de ti y de tu vida. La clave para sanar, disfrutar y ser feliz es la aceptación, ¡tal cual! Aceptar tu vida, aceptar tu verdad, aceptar los contratiempos, **aceptarte** primero que nada; y agradecerlo todo aunque te duela.

Recuerda: el karma es real.

La energía verdaderamente está a nuestro alrededor, y al igual que un boomerang, lo que arrojas al mundo volverá a ti, multiplicado, ya sea bueno o malo. **Sé amable y trata a los demás de la forma en que deseas que te traten a ti.**

Todavía tengo fe en la humanidad y en la bondad que perdura en el mundo. El hecho de haber experimentado el odio de alguien con tanta fuerza sólo me dio más esperanzas de encontrar esos verdaderos corazones de oro que viven e irradian en esta Tierra, y más aún, los que necesitan un poco de desbloqueo.

Se necesita muy poco para alegrarle el día a alguien y ser amable. Se trata de inspirar a los demás, compartir con los demás, cuidar de los demás, darlo todo incluso en los momentos más difíciles; **no se trata de si te recordarán, sino *¿cómo* te recordarán?** Así como los Rascal Flatts lo pusieron en una de mis canciones favoritas "How They Remember You":

¿Te levantaste o te caíste?
¿Construiste un puente o un muro?
¿Escondiste tu amor o lo diste todo?
¿Te rendiste o lo intentaste?
¿Viviste tus sueños o los dejaste morir?
¿Qué elegiste?
Cuando todo se derrumba
No es si, es cómo te recuerdan.

¿Cómo te quedó el ojo con esta letra? Simplemente léela una vez más y digiere esas palabras. Trata de recordar esta frase todos los días.

NO ES SI... ES CÓMO.

Cae, falla y comete errores, pero aprende, levántate, y sigue avanzando.

No hagas daño, no hagas el mal, simplemente sé amable, educado, ama y difunde el amor *—siempre—* todos los días.

Vive *tu* día, vive *tus* momentos, vive *tu* vida; *ámate primero*; y lo más importante, disfruta plenamente y ten en cuenta que **la vida no está destinada para vivirse luego.** Hazte amigo de personas que no tienen tu edad. Pasa el rato con personas a las que admiras. Conoce a personas que hablen un idioma diferente al tuyo. Disfruta de cada comida como si fuera la última. Permítete jugar y divertirte. Lee un buen libro, ve una buena película. Observa una puesta de sol completa. Rodéate de la naturaleza, mira a tu alrededor y asimila todo, respira profundo y sonríe más.

¿Quién eres realmente?

¿Qué harías si no tuvieras miedo?

¿Qué vas a elegir?

El resto depende de ti.

NO HAY UNA EXPERIENCIA,
NO IMPORTA LO DEVASTADORA,
NO IMPORTA LO TORTUOSO
QUE PUDO HABER PARECIDO,
NO HAY NADA QUE SE HAYA DESPERDICIADO.
TODO LO QUE TE ESTÁ SUCEDIENDO
ESTÁ EN TU VIDA COMO UN MEDIO
PARA AYUDARTE A EVOLUCIONAR
EN QUIEN REALMENTE TIENES QUE SER
AQUÍ EN LA TIERRA.
NO ES LA COSA LO QUE IMPORTA,
ES LO QUE ESA COSA ABRE DENTRO DE TI.

— OPRAH

AGRADECIMIENTOS

"La oscuridad no puede expulsar a la oscuridad;
sólo la luz puede hacer eso.
El odio no puede expulsar al odio;
sólo el amor puede hacer eso".
– MARTIN LUTHER KING, JR.

Si no hubiera sido arrojada al infierno por Lora, no hubiera sido conducida a este camino de intensa sanación y este libro no existiría. Gracias, Lora, por tu profundo odio hacia mí, porque me llevó a un lugar de inmensa iluminación, paz interior, significado y amor. Me trajiste de vuelta a mí misma, a mi mejor versión.

Gracias a mi *Equipo Estrella —Arny, Rossy, Josué, Vale, V—*, estoy segura de que no estaría aquí, viva, gozando de salud sin cada uno de ustedes. Siempre voy a estar agradecida con Dios por poner a cada uno de ustedes en mi camino, por su constante apoyo y guía. Sobre todo, por nunca rendirse y nunca soltarme.

Gracias a mi familia: sepan que los amo de todo corazón y no guardo ningún rencor; el pasado ha quedado atrás y estoy súper agradecida de ser parte de una familia tan increíble, unida, fuerte y amorosa.

Gracias, mamá y papá, por todo lo que han hecho por mí, por su apoyo, su amor, su guía y por las increíbles experiencias que he llegado a vivir porque tuve la suerte de tenerlos como mis padres. LM y Ali, sin ustedes no sería quien soy. Estoy extremadamente orgullosa de la relación que tenemos como hermanos: ¡¡¡Los quiero mucho!!!

A mi sistema de apoyo —*Cristy, Dani, Diego, Giovis, Marifer, Monch, Fodo, Yeya*—, pocos de ustedes sabían de este proyecto secreto y la forma en que me apoyaron durante todo este proceso fue increíble. Durante mis momentos más duros, cuando nadie sabía nada, siempre me apoyaron sin importar cuán solemne, negativa u oscura se pusiera la situación. Significan para mí más de lo que las palabras pueden describir. Los verdaderos amigos son difíciles de encontrar; tengo suerte de tenerlos en mi vida.

Gracias infinitas a Gaby González por ser pieza clave para la realización de este libro y por tu apoyo constante. Gracias a todo el equipo de Penguin Random House por creer en este libro y traerlo hasta aquí: Andrea Salcedo, Edith Palacios, Paola García Moreno, Mariana Alfaro y especialmente a ti, César, por apostar por este proyecto, porque nunca desististe, por guiarme y hacer esto posible.

Gracias, Dios, Universo, Virgencita, Ángeles, a mis ancestros y a mis estrellas de la suerte. Fui la guerrera que luchó estas batallas, pero ustedes me guiaron a las personas adecuadas que me mostraron las herramientas para ganar cada combate; batallas en las que, ahora sé, nunca se apartaron de mi lado y me llevaron con vida hasta el final. Estoy aquí hoy porque me iluminaron y nunca desistieron: estoy eternamente agradecida.

ÍNDICE

Entrégala a la bestia de Marcela Solana
se terminó de imprimir en el mes de marzo de 2023
en los talleres de Diversidad Gráfica S.A. de C.V.
Privada de Av. 11 #1 Col. El Vergel, Iztapalapa,
C.P. 09880, Ciudad de México.